KEY RESEARCH INSTITUTE IN UNIVERSITY

| 光明社科文库 |

近代档案中的甘肃

（1883—1944）

［日］菅原纯 ◎ 主编

光明日报出版社

图书在版编目（CIP）数据

近代档案中的甘肃：1883-1944／（日）菅原纯主编．--北京：光明日报出版社，2022.3
ISBN 978-7-5194-6488-2

Ⅰ.①近… Ⅱ.①菅… Ⅲ.①甘肃—地方史—史料—1883—1944 Ⅳ.①K294.2

中国版本图书馆CIP数据核字（2022）第036185号

版权登记号：01-2023-2430

近代档案中的甘肃：1883—1944
JINDAI DANGAN ZHONG DE GANSU：1883—1944

主　　编：	菅原纯		
责任编辑：	房　蓉	责任校对：	郭玫君　阮书平
封面设计：	中联华文	责任印制：	曹　诤

出版发行：光明日报出版社
地　　址：北京市西城区永安路106号，100050
电　　话：010-63169890（咨询），010-63131930（邮购）
传　　真：010-63131930
网　　址：http://book.gmw.cn
E - mail：gmrbcbs@gmw.cn
法律顾问：北京市兰台律师事务所龚柳方律师
印　　刷：三河市华东印刷有限公司
装　　订：三河市华东印刷有限公司
本书如有破损、缺页、装订错误，请与本社联系调换，电话：010-63131930

开　　本：	170mm×240mm		
字　　数：	255千字	印　　张：	15.5
版　　次：	2024年1月第1版	印　　次：	2024年1月第1次印刷
书　　号：	ISBN 978-7-5194-6488-2		
定　　价：	95.00元		

版权所有　　翻印必究

臨時報告第六十一回　五月二十一日

○甘肅地方ニハ邪教ナリトテ人心ヲ蠱惑スル匪徒アリト聞キシトコロ今回肅州直隸州知州保昌ノ擒獲セシ陳寶仁等ノ如キモマタソノ一人ナリ是ヨリ先肅州ノ邪教ニテ尚々會匪ハ千龍華會ト稱スル教匪ノ餘黨ニテ王林ト稱スルモノアリ光緒三年五月前ノ陝甘總督左宗棠兵馬ヲ督率シテ甘肅ニ駐扎セシ折龍華會ノ巨魁楊幗瑞ナルモノヲ執ヘシカバコレヲ訊明セシニ積年ノ教匪タルコト明白ナルニ由リ地ニ就キ直チニ法ニ正サレタリコト同時ニ王林モマタ執ヘラレテ訊明セラレタルニ全ク初犯ニ係リ且ツ程祿トイフモノヽ保證ヲ爲セシヲ以テ寬ニ從ガヒ僅カニ枷號及ヒ折責刑罰之也ヲ予ヘテ懷々復タ龍華會ヲ中サレテ保釋セラレタルニ王林ハ惡ヲ怙ミテ復タ龍華會ヲ興シテ鄕黨ノ愚氏ヲ煽惑シ因テ以テ錢文ヲ聚斂セントヲ謀見ヱタルトコロヨリ光緒七年冬潛カニ肅州城ニ至リ自ラカラ哺勒俳ノ降生セ

甘肃省发出独立宣言
（1911年12月28日/JACAR：B03050620900）

甘粛省法政学堂設立一事（1908 年 12 月 17 日／JACAR：B03050602900）

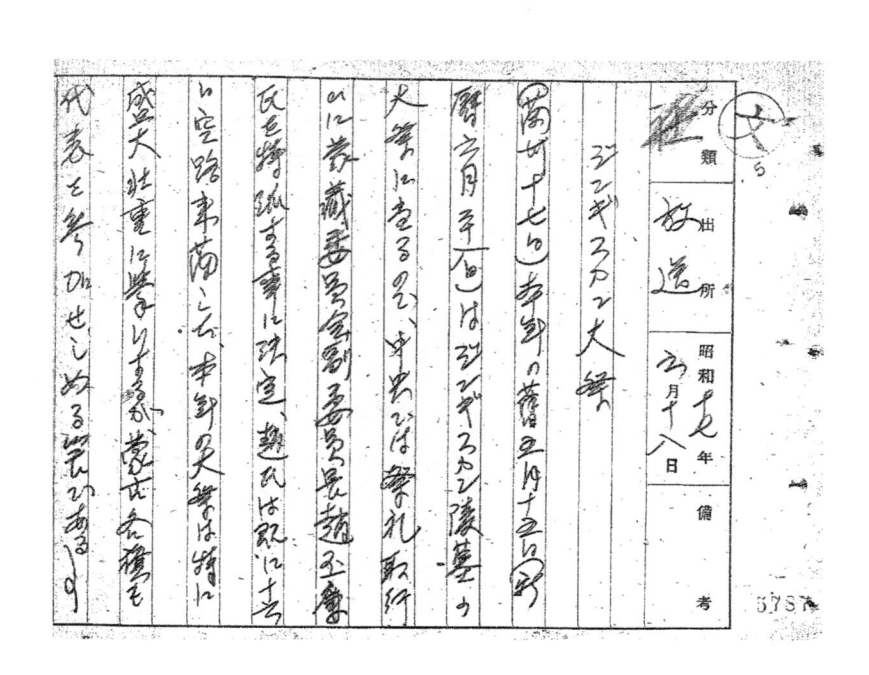

成吉思汗大典（1942 年 6 月 18 日／JACAR：C13050248100）

榆中兴隆山大佛殿,成吉思汗文物陈列馆(2020 年 9 月　编者摄)

《近代档案中的甘肃(1883—1944)》
翻译组成员

菅原纯　　李若晨　　寇溪洁
王春佶　　陈慧丽

序

记得在2017年西北少数民族研究中心的一次会上被告知,中心聘请了一位日本学者,他就是菅原纯先生。菅原先生给人的印象是话不多,很沉稳。几年来,我与菅原先生的交往并不多。然而只要我到中心去办事,总能见到菅原先生在办公室埋头研究或与学生交流。我断定他是一位非常勤奋的学者,并了解到他在新疆历史研究方面有较深的造诣,但所有的了解仅限于此而已。2020年夏天,当王建新教授告诉我,菅原先生在疫情防控期间整理出一本《近代档案中的甘肃(1883—1944)》(以下简称《档案》)时,菅原先生的形象在我心中一下子丰满起来。尤其是菅原先生请我为《档案》写序,真是倍感荣幸与诚惶。如今我已拜读了《档案》,欣慰在甘肃近现代史研究中又增添了一笔弥足珍贵的原始档案,欣慰之际也附上我的感谢之情。

《档案》的资料来源于日本亚洲历史资料中心(英语简称JACAR)。这个设置于2001年的日本亚洲历史资料中心通过网络向全世界公开了约2800万份近代史相关档案。网络除日语之外,还使用了英语、汉语、韩语,但核心部分正如菅原先生所言"100%都是日语"。所以,菅原先生的功绩不仅在于选辑档案,更丰功至伟的是翻译档案和进行必要的注解。虽然在亚洲历史资料中心开放的第十九个年头我们才看到《档案》,但万分感慨的是,如果没有菅原先生的热心与辛苦,这一切只会来得更晚。

虽然相比日本政府"满铁"(南满洲铁道株式会社)档案资料之繁多详尽,《档案》所汇集的甘肃档案的确较少,且《档案》记载的事件大多在国内文献中亦可以了解到,但从日本档案中看到这些记载,可以说绝大部分还是第一次。同样,如此深入与广泛了解此时期日本政府是如何认识甘肃的,这也是第一次。

也许是地域相对偏僻的缘故,日本档案对于清代甘肃发生的事情收录得很少。在全部164条档案中仅有10条,约占1/16,其中最早的一条档案为光绪九年(1883年)。记录在案的是肃州知州擒获邪教首领陈宝仁以及邪教徒王林等事宜。虽然是"听闻",但来龙去脉记载得非常清晰。我查了一下《清光绪实录》,的确在光绪九年三月记载有此事,只是没有《档案》详细。然而在接下来的十二年间竟没有一条有关甘肃的档案出现,这一疏一细实在令人唏嘘。打破沉寂的是发生在1895年的"河湟事变"。《档案》对此有多处记录,并将其发生的原因以及向周边扩延做了一定的分析。《档案》援引陕西通讯报道说,"数千敌人与哥老会及其他秘密团体勾结……兵器也像是俄罗斯制造的。而其目的是建立一个包括西藏、伊犁、甘肃、蒙古在内的'中亚独立国家'"。这一点在国内公开的论著中未见提及。对于董福祥,《档案》收录了清政府照发日本外务大臣的电函。可以看出,日本方面更加关注董福祥是否真的被贬以及其被贬后的行踪。《档案》记录在案的还有甘肃省设立法政学堂以及干旱导致兰州一带黄河水枯竭等事,可见日本政府的关注面还是比较广的。

进入民国后,《档案》显示出日本政府对于甘肃的关注度明显提升,内容涵盖政治、军事、经济、文化、生活等多个方面。尤其是在1931年以后,档案陡然增多,而在此之前的档案只有寥寥4条。其中明治四十四年(1911年)"甘肃省发出独立宣言"的档案记载还是错的,大概是受革命党人宣传的影响。

由于《档案》中1931年后的内容十分繁杂,我不得不将此进行归纳,以便整理和表达我对此的突出印象。

(1)关注甘肃境内的抗日活动。站在日本政府的角度,无疑要高度聚焦中国内地,乃至抗战大后方甘肃的活动,为此日本政府在甘肃省设立了特务机关。对于西北地方各军状况也有深入细致的分析。《档案》全文辑录的1933年"甘肃岷县救国后援会抗日宣传文",这不仅为日本政府了解抗战大后方提供了极具价值的参考,在研究甘肃现代史时同样具有极高的史料价值。《档案》详细报道了蒋介石视察西北,欲将西北作为建国的根据地,将兰州建设为第二陪都的愿景。《档案》对于1942年8月1日在兰州召开的中国工程师学会年会有多达18条记载。这次大会的参会人员有四百多人，主要探讨抗战时期的西北建设与规划。正因如此，这次大会也引起了日本方面的高度关注。而对于我们，除档案的价值外，日本政府的态度也是值得研究的。

（2）对于回族与蒙古族的持续关注。《档案》对于中国回族，尤其是甘肃回族的动态十分敏感，稍有风吹草动总有消息发回日本政府。清末如此，民国更是如此。《档案》中披露的1931年甘肃南部马廷贤事件，可以窥见日本政府的敏锐嗅觉。此事件因为没有正式公开报道而不为国人所知，但《档案》对此却有详细的记录。此事件与"雷马事变"相关联，只是当时国人更为担忧的是马鸿宾与雷中田之争，而《档案》告诉我们"只有蒋主席通过总指挥吉鸿昌给雷中田的电报里明确说道'对于马廷贤脱离常规的行为深恶痛绝，让你对马氏做出警告和限制，不得敌视马氏，避免让事情更加复杂，否则人民将陷入水深火热当中。随时报告当地情况'。由此可知，南京军事当局对此格外忧虑……这是政府当局为了平定回教徒叛乱的应急计划。但是官方和中国报纸考虑到中国有四千万回教徒，为防止其动摇，对此全部视若无睹"。然而，日本方面并未视若无睹，他们认为这是一件非常重要的事件，其未来更是"前途未卜"。《档案》中有"中国回教救国会组织"一档。档案详细介绍了中国回教救国会成立的目的、组织结构、人员安排等事宜。中国回教救国会的成立是一件大事，对于中国回族的动向日本政府自然不会忽略。

实际上，民国时期的日本政府对于蒙古方面的关注也相当密切。《档案》对于成吉思汗陵墓的迁移有专门的介绍，对于成吉思汗大典、工程师学会会员参拜成吉思汗陵以及《蒙古喇嘛教史》的刊行给予了快速报道和积极评价。成吉思汗陵墓迁移到兰州兴隆山，这早已为兰州人熟知，但从日本档案中看到还是第一次。

（3）关于日本轰炸兰州与苏中间航路的关系。研究甘肃或兰州历史的论著对于抗战期间日本空军轰炸兰州的历史均有论述。但目前所能见到的史料引用没有一个能超越《档案》之详尽。尤其这是从日本角度提供的资料，可以为国内学者提供一个不同的角度和数据。

苏中间航路关系也是这期间日本政府聚焦的焦点。《档案》中连续8篇档案涉及苏中间的航路问题，其中有6篇是专题汇报和讨论苏中间航路关系的。这对于研究现代甘肃历史的学者而言，无疑是一批不可多得的档案。

(4)除了上述之外，《档案》实际上提供的资料相当广泛，如对于甘肃政局的追踪报道，关于中国报纸的相关调查，关于甘肃金融、实业、水利建设等各行各业的调查，关于甘肃特产羊毛的调查、哥老会状况与自然灾害的调查，兰州市民生活与物价等方面的调查，等等。这些档案有的具备较高的史料价值，更多的在国内亦有记载，或更为详细，但换一个角度看，它又是一批独一无二的档案，因为它的的确确反映和代表了此时期日本政府对于甘肃各方面的了解程度和认知水平。这是其他档案无法替代的。

总之，《档案》展现给读者的是一个新的研究视野和新的史料来源。它无疑将促进甘肃近现代史研究进一步向纵深发展。在此，我除了不得不再一次为我的朋友菅原纯先生的热心贡献表达由衷的敬意和感谢外，更期盼着菅原纯先生有更多的研究成果问世。

武　沐

兰州大学西北少数民族研究中心

2020年10月

前　言

　　本书是从日本"亚洲历史资料中心"（英语简称：JACAR）在网络上公开的日本近代档案资料中，精选和甘肃省及兰州市相关的档案约160份，对其进行中文翻译，并按照档案内容进行分类、整理、排序，同时制作索引后编写而成的。

　　本书的辑录，是2019年春天，我在兰州大学历史文化学院、西北少数民族研究中心的日语文献讲读课上，将JACAR所收档案中有关兰州的部分当作教学教材，和翻译组的李若晨、寇溪洁两位同学一同阅读开始的。和现代日语不同，20世纪初的古文体日语对于他们来说还是稍有难度的。但是抗日战争时期的日本政府档案中，还有和他们现在居住的兰州相关的记录，而且还是直接通过日语阅读了解，这是一种全新体验。果然，他们以非常好的毅力完成了这门课。兰州在20世纪30年代后期受到了日军的数次轰炸，破坏严重，当时日军的攻击目标，不是别处，正是距离这门课的上课地点——兰州大学一分部很近的拱星墩的旧兰州机场，我们带着惭愧的心情第一次知道了这件事。这之后，我在继续进行授课的同时，脑海中逐渐形成了一个想法：或许可以将外国政府（这里指日本政府）对此地的关注进行汇总，这将会是从别的视角重新审视该地区的好机会。

　　情况发生剧烈变化是在2020年的早春。2020年1月新冠肺炎疫情暴发。巧合的是，我也因为私事并没有回日本，因此在疫情防控期间只好和我的爱猫一起留在了兰州大学一分部的家中。兰州并不像其他地区那样严重，出现症状的人非常少，不过兰州还是采取了非常严密的防控对策，我家所在的小区对人员出入也实行了严格管理，包含我在内的所有居民，除了去超市购买日用品外，平日生活都待在家中。

在这样的情况下，人和人的联系全都以网络为中心，会议、演讲、上课都通过网络进行。不如趁着这个机会，将和甘肃相关的日本档案集中进行阅读翻译，如何？一直待在家中过着日复一日的生活，如果大家一起做"某个新的"工作的话，既可以缓解紧张的心情，是不是也可以刺激我们的神经，让各种工作恢复正轨呢？我这么想着，就用微信和上述学生进行了联络，说了我的计划，学生们对我的提议一口就答应了下来。这之后，在日本筑波大学读研究生的王春佶同学（兰州人）和我的研究生陈慧丽同学也加入进来。就这样，通过兰州、乌鲁木齐、郑州、筑波连成的"网络会议"，以一种独特的形式开始了史料集翻译编纂工作。网络办公比想象中的还要顺利，工作始于冬天，待到冰雪融尽、新绿伊始之时，本书主要内容的整理终于完成了。这都是以上学生共同奋斗的结果。尤其是李若晨，以突出的日语水平和作为土生土长的兰州人所拥有的坚毅不拔的性格，一直扮演着各项工作的"领头羊"角色，从工作开始到结束都带着真心对本书的翻译和编纂提供了支持，在此特记，以表谢意。

本书的意义无非就是从外国人的角度去看甘肃和兰州的"过去"。站在抗日战争史的立场上，从"敌方"的角度去看中国，不过其意义远不止这个范围。如果这本书可以让光从不同的角度照进来，给甘肃省历史带来些微的新意，并有机会对其重新评价，那我将不胜欣喜。

本书的出版也受到了以下教授同事的帮助。首先要感谢兰州大学历史文化学院院长杨红伟教授，历史文化学院副院长、西北少数民族研究中心主任赵利生教授对本书编辑和出版的理解及热情支持。西北少数民族研究中心民族史研究所副所长武沐教授作为甘肃省地方历史的专家，阅览本书初稿，给出了宝贵的指导意见，而且还为本书撰写了序文。还要感谢西北少数民族研究中心副主任王建新教授，从本书编纂的初期开始给予宝贵的咨询意见。本书能够呈现给读者，是与以上诸位的理解、支持和帮助分不开的。在此，我作为编者，向诸位致以诚挚的谢意。

最后，虽然这本书很简单，但我依旧想要将其献给在这里生活的甘肃人民。我即将在兰州大学度过任职的第四个年头，不过如果要说我第一次踏上兰州的土地，却是在1987年，这么算下来的话已经有三十多年了。这期间我受到无数当地人的关照。尤其是这次抗疫，让我这个外国人充分感受到了甘肃人民在如此困难的状况下的善良和真诚！对于我来说，编书的记忆是和这次抗疫密不可分的，甘肃人民的友情和厚意将永远和这份回忆一起被我珍藏起来。

另一件我想说的和这本书有关的事，就是在抗日战争时期，日军的轰炸机飞到了兰州上空，对兰州造成了严重破坏。我作为一个日本人，对此时常带有内疚之情。当年日本不仅对甘肃，还对中国其他地区，乃至亚洲各地都造成了不可磨灭的伤害，日本人必须直视这些历史，一边赎罪一边将其作为对未来的警示。在最后我也想说，有一些日本人（数量或许并不多）曾经来到甘肃，和当地人产生交流，并且为这个地区的人民献出了自己的一份力。20世纪初期，有一个在兰州为兰州人民进行牙科治疗的日本牙医。抗日战争结束后，有600余名日本铁路技术人员及其家族在甘肃进行天水—兰州间的铁路建设，为中日友好做出了贡献。20世纪末，也有为了黄土高原绿化而挥洒汗水的日本人。本书如此渺小，自然不能和这些日本前辈的功劳和成果相提并论，但我也希望这本书可以成为我和当地人民友情的证明。

菅原纯

2020年10月

于兰大一分部衡山堂

日本档案中的有关甘肃省历史资料

菅原纯[①]

当回顾亚洲近现代史时,对抗日战争及其前后时期的历史情况的理解,在历史研究上是具有重大意义的,这一点自不必赘言。当今世界及各地区的政治、社会、经济的构成,都是以这场战争为分水岭而形成的,如果忽视这场战争,那么我们将不能对当今世界所具有的复杂性进行正确的认识。

以这一点为前提,近年来中日两国对该时期的研究产生了诸多分歧,甚至可以说这种分歧有逐年加深的趋势。这一点我们只要通过日本历史学界对每年历史研究的回顾记录,即《史学杂志》(每年第五号)的"回顾和展望"与"知网 CNKI",即可轻松掌握该段中国历史的研究数量。而且,近年来中国有一个新的研究潮流,那就是对该时期日本方面的史料开始进行了真正意义上的关注。其中具体且显著的成果,就是从 2013 年开始,北京线装书局陆续出版了一系列战时日本的"密档"资料集[②]。之前出版的大部头的研究丛书《中国抗日战争史》(全八卷)中,也对日本政府档案研究成果有所介绍,以此为首,

---

① 兰州大学历史文化学院、西北少数民族研究中心教授。
② 金成民.战时日本外务省涉华密档(1931—1945):173 册[M].北京:线装书局,2013.
金成民.战时日本外务省涉华密档补编:壹[M].全 68 册.北京:线装书局,2014.
金成民.战时日本外务省涉华密档补编:贰[M].全 104 册.北京:线装书局,2013.
金成民.日本涉华密档总目录:外务省卷[M].全 5 册.北京:线装书局,2014.
李力,郭洪茂.近现代日本涉华密档:海军省卷(1872—1933)[M].全 70 册.北京:线装书局,2012.
郭洪茂,李力.近现代日本涉华密档:陆军省卷(1872—1945)[M].全 152 册.北京:线装书局,2012.

利用日本方面的公开档案史料进行的研究开始陆续登场①。

位于中国西北部的甘肃省,在抗日战争中同样具有很重要的历史意义。《甘肃通史》的主编刘光华教授认为,在抗日战争时期,兰州成了抗日的"大本营",这一时期的抗战努力极大促进了甘肃的近代化建设,文化教育方面也同样有了显著的发展,对于甘肃来说,该时期是甘肃发展的一个重要节点②。这一观点,从负责撰写该书相应时期内容的宋仲福教授及邓慧君教授的论述中也能得到佐证。从其详细的论述中我们可以看到,抗战时期的甘肃,处在战时这样一个特殊的情况下,虽然存在各式各样的社会矛盾,但是在工业、交通、通信、商业、金融、农牧等生产领域都实现了近代化发展,同时,初等教育、中等教育、高等教育乃至民族教育等各类教育事业,甚至文化机构和大众传媒等文化产业,都有了飞跃性的发展③。

如果在此基础上一定要做补充的话,那就正如下文所说,甘肃受到了日本军队的多次直接空袭。由此来看,甘肃也是抗日战争的"前线"之一。如果让我们通过日本方面的记录来对当时的甘肃省情况进行审视的话,又会勾勒出什么样的"历史像"呢?

本文的目的就是,首先介绍本书正文中的日本档案,然后论述日本方面该时期资料的概况和特征,再将其放在甘肃省史学研究的立场上,对其性质做一个探究。具体来说,首先要将日本政府在网络上公开的近代亚洲相关档案(日文:公文书),即"亚洲历史资料中心"(日语:アジア歴史資料センター,英语:JACAR)的概况做一个介绍,阐明其特征和使用时的注意点。接着对JACAR公开档案中的甘肃省相关资料的概要进行总览。最后再对日本档案中的甘肃情报的倾向,以及甘肃省历史研究上利用日本档案的意义和问题做一些粗浅的探讨。

---

① 步平,王建朗.中国抗日战争史(全八卷)[M].北京:社会科学文献出版社,2019.许金生.近代日本对华军事谍报体系研究(1868—1937)[M].上海:复旦大学出版社,2015.
② 宋仲福,邓慧君.甘肃通史·中华民国卷[M].兰州:甘肃人民出版社,2009:5.
③ 宋仲福,邓慧君.甘肃通史·中华民国卷[M].兰州:甘肃人民出版社,2009:192-224;277-328;396-400.

一、亚洲历史资料中心和日本档案

亚洲历史资料中心(下文用其英语简称JACAR)的沿革和概况,除了JACAR网站上的详细记述以外,笔者还想依据中国方面的许多记述进行一个简要的介绍①。在此,请允许笔者不厌其烦地依据各个记述,对JACAR进行一次介绍。

JACAR的开设,是以1994年村山富市所提出的"和平友好交流计划"为发端。该计划是日本在第二次世界大战结束正值半个世纪时所提出的日本国家计划②。其中有两个主要内容:一是为了"正视"和"亚洲邻近各国的关系史"的历史研究支援工作,二是为了构筑邻近各国间"相互理解和相互信赖"的交流工作。JACAR便是前者工作的一个内容。JACAR经过两年的准备,作为日本国立公文书馆的下属机构于2001年11月30日正式设立③。

该网站的规模,按照官方的说法,收录有2800万份照片文件,其内容主要是在日本国内具有代表性的公档案收藏机构"国立公文书馆"中所藏的中央政府档案、"外务省外交史料馆"所藏的外交档案,以及"防卫省防卫研究所战史研究中心"所藏的日本旧陆海军的军事档案。这些"档案摘要"是由个别档案的"题目"和"档案摘要的一部分"所组成的,有赖于此,可以直接通过搜索关键词来对档案进行检索。而且JACAR的网站除了日语以外,还有

---

① 有关对亚洲历史资料中心概况的介绍,除了该中心的网页"中心概况与特色"(https://www.jacar.go.jp/chinese/about/outline.html),还请参见:马晓娟.研究近代中日关系历史的重要资料源——日本"亚洲历史资料中心"简介[J].抗日战争研究, 2008(2):254-256.翟意安.亚洲历史资料中心网站提供的网络史料介绍[J].档案, 2009(4):39-40.林平忠,梅宪华.军事史研究的重要平台——日本亚洲历史资料中心概述[J].军事历史研究,2009(4):183-187.牟田昌平,小林昭夫.紹介 アジア歴史資料センター:本格的なデジタル・アーカイブを目指して[J].情報管理,2002(7):477-483.大野太幹.アジア歴史資料センターの事業と公開資料の内容[J].アルケイア—記録・情報・歴史—(南山大学史料室),2014(3):1-48.

② 外務省.「平和友好交流計画」に関する村山内閣総理大臣の談話[A/OL].(1994年8月31日);https://www.mofa.go.jp/mofaj/area/taisen/murayama.html.
内閣官房副長官補室.「平和友好交流計画」~10年間の活動報告~[A/OL].(2005年4月12日);https://www.cas.go.jp/jp/siryou/050412heiwa.pdf.

③ 内容引自"中心概况与特色"。

英语、汉语、韩语,通过以上4种语言,我们可以清楚了解该网页的概况和用法。

正因如此,JACAR的设立,可以让日本政府通过网络向全世界公开其近代史相关的公档案。毫无疑问,此举意义重大。通过网络阅览,可以极大程度地省去直接访问公档案馆或者办理复杂的手续请求对个别档案的复印等步骤。从档案的检索到阅览,甚至复印等一系列的操作,都可以在自己的工作环境中进行,可以说这是一种"革命"性质的进步。

但是,这些JACAR的公开档案中,也有一些问题。这些问题大致可以分为两部分:一是JACAR的公开资料的基础,即收录档案内容的不足之处(局限);二是JACAR公开资料中其摘要的范围。接下来,笔者将对以上两点,以及使用上的注意事项做一个论述。

首先要说的是JACAR公开资料的"基础(resource)"上的不足。JACAR并不是资料的收藏机构,而是已有公开档案的收藏机构,即对日本国立公文书馆、日本外务省外交史料馆,以及日本防卫省防卫研究所战史研究中心的公开资料,进行一个数据的汇总和数据库的构建,并由此对与"近代史"相关的"亚洲历史资料"进行一个重组。JACAR并没有自己独有的资料。因此,JACAR的公开资料继承了作为其资料基础的三个机关所藏档案的缺点,这一点还望各位读者理解。特别要说明的是,前文所述的三个机关,收录有历届内阁的裁决档案和各省厅的行政档案的一部分(日本国立公文书馆)、外交档案(日本外务省外交史料馆)、陆海军档案(日本防卫省防卫研究所战史研究中心),尤其值得说的是,有关陆海军档案的公档案中有一部分丢失(陆军1943—1945年、海军1938—1945年的公开档案丢失)。

另一个问题就是与JACAR公开资料的数据公开范围相关的问题。如上所述,JACAR将日本国内三个机构的所藏公开档案以电子化的形式进行了公开。但是又同时遵照其设立的目的,以时代进行了划分而仅公开了和"近代史"相关联的内容。这个时间具体是以1945年为界,这之后的档案除了个别部分以外,是无法在JACAR中看到的。而且JACAR所收录的档案,不过是上述三个机构中符合JACAR设立目的的"亚洲历史资料(日本和亚洲邻近诸国之间的和近代史相关的资料)"档案,而符合与否,则是由三个机构自己"判断",这一点就带有了很强的主观性,三个机构在"判断"后认为不符合要求的档案则不包含在里面。也就是说,JACAR 的数据库中,很有可能有因为题目原因而被遗漏的档案。那么,JACAR 中所能阅览的史料,仅是提供了研究最初的线索,为了更为彻底详细地调查资料,还是在某种程度上有必要去作为其档案基础的三个机构进行调查,这一点也是笔者想要强调的。

接着,就是 JACAR 数据库的数据构造上的问题,这一点与其说是它的问题,倒不如说是读者应该注意的点。将数量庞大的所有手写类型的原稿进行电子档案化在现在是不可能的,因此 JACAR 的数据库中,没办法对公开档案的"所有内容"进行检索。已经被做成电子数据的,只不过是各档案馆输入过的档案,仅限档案的题目和开头一部分(约 300 字)的文字。JACAR 的检索功能就是依赖这些文字进行的,有很多公档案,如果不将整个档案通读到最后,是无法理解全貌的。总之,检索系统所能检索出来的数据,不过就是"线索",使用者应该从这些"线索"入手,踏实认真地对档案进行地毯式搜查。

最后要说的就是语言上的问题。JACAR 的网页顶部虽然有"多语言界面",但这不过是指网页上的概括说明而已。该网页的核心部分,即公开档案的数据库,几乎百分之百是日语。比如"甘肃""兰州"这样的单词,仅能使用"日文汉字"的"甘肃""蘭州"进行检索。然后在公开档案中虽然存在中文的记录,但是在制作数据库的时候,其中的摘录部分则是使用日文汉字(并非中文)进行输入的。不管是使用简体字还是繁体字,只要是中文,几乎是不可能进行检索的。总而言之,本功能的构建基本是以日语为前提,其他语言不过是起到一个辅助说明的作用,这一点也要提前告知读者。

二、日本档案中有关甘肃省记录的构成

JACAR 中收录的甘肃相关的史料相对较少。首先我们仅将"甘肃"作为关键词进行检索的话,出现了 690 件档案,将"兰州"作为关键词则有 444 件。而中国的其他地区,比如浙江有 2045 件,北京有 20140 件,上海有 49092 件。这一点反映了日本和甘肃的联系相较其他地区而言是不那么紧密的。

笔者最先想要说明的是,本书中所收录的甘肃档案,并非检索出的所有

含有"甘肃""兰州"关键词的档案,而是对研究近代甘肃省有帮助的档案进行了摘录。根据所藏机构来分的话,日本国立公文书馆21件,日本外务省外交史料馆41件,日本防卫省防卫研究所战史研究中心102件。以中央政府的裁决档案为中心的日本国立公文书馆,和外国事务有关的档案是最少的。而且我们可以看到,来自日本外务省和防卫省中的档案,以日美开战的1941年为界,包括甘肃省在内的、和中国国内有关系的情报重心,逐渐从外务省所发出的档案,转移到了陆海军发出的档案。这是战争的扩大,使得日本的对外关系从"外交"戏剧性地转变为了"战争"。再者,如果将档案从年代的角度来看的话,中华民国时期档案中,1930年之后的档案占大多数。这并非甘肃档案才有的特征,而是整个亚洲历史资料中心所有档案的特征。

首先来说日本国立公文书馆所藏档案。这个馆所藏档案,一般是以和国家政策决定有关的裁决档案为中心①。甘肃省作为外国的一个省区,是很难成为日本国家政策的直接作用对象的,继而其所藏档案的数量是极其有限的。这21件档案中,很多都是内阁情报部的"内阁情报",即以摘录国内外的新闻报道为中心。同时也有一些其他省厅,比如外务省和陆军参谋本部的情报。

接着来说日本外务省外交史料馆所藏档案。按其出处,大致可分为3类。第一类是外务省本省的政务局独立收集的地区情报,其中主要是日本的报纸和当地报纸内容的一些片段。第二类是各地的驻外使馆所带回来的报告,这些报告也包含在甘肃省情报当中。那些和甘肃省有关的档案中,也有来自当时驻中国各地的大使馆、领事馆的报告,以北京为首,同时涉及天津、上海、汉口、张家口、呼和浩特(日本占领时称"厚和")、郑州、牛庄(辽宁鞍山海城)、芝罘(隶属山东省烟台市)、香港等多个地区。例如,在北京定期搜集的各类情报汇聚成了"北京情报",这当中就有不止一份和甘肃省有关的情报。今天已经没有了的日本驻汉口(今武汉)领事馆,由于当时负责甘肃省,因此也将一定数量的甘肃省相关情报报告给了东京的外务省本省。

---

① 大野太幹.アジア歴史資料センターの事業と公開資料の内容[J].アルケイア—記録・情報・歴史—(南山大学史料室),2014(3):19.

这些情报以清朝时期的上谕为首,还包含有当地报纸、广播,以及来自各个使馆的工作人员的情报,甚至还包含在面对日本其他省厅的疑问时所做出的回答。第三类,就是由外部机构带回日本外务省的各种报告。这些报告是由驻扎在中国的日军、递信省(递信部)、铁道省(铁道部)等带回的,有一些和甘肃省有关的情报被看作是有用的情报而上报给了外务省。除此之外,和外务省有关、在中国各地进行公费考察的东亚同文会①,其成员的报告书和复命书也包含在此类当中。

至于日本防卫省防卫研究所战史研究中心所藏档案,按照当时组织机构来说是日本陆军和海军的档案。绝大多数都是日本陆军"一般资料"下的"重庆侧资料",该资料记录了当时重庆政权下发行的报纸,以及日本陆军情报部门收听过的广播内容。和甘肃省有关的记录,比如《大公报》《大光报》等,都是他们进行定期收集情报的对象。从这些情报中,我们可以了解到兰州作为仅次于重庆的"第二陪都"的重要性,以及作为军需物资补给据点的重要性。这些日本陆军的档案,已经作为参谋本部施行的战略研究的一环,和地区研究报告一样受到关注。

另一方面,日本海军档案虽然数量较少,但是还有1937年和1941年对兰州进行轰炸的极为详细的记录。将这些记录和中国方面的记录进行对照的话,可以对当时的详细情况做一个究明。

三、按题目划分后所见的与甘肃省有关的日本档案概况

本节中,笔者将尝试对本书所摘的日本档案的记录内容做一个简单的介绍。本书简单地将档案分为了"甘肃动向""文化·教育""产业·经济""通信·交通""外交·外国人""军事",以及"其他",之后还添有"附录"。接下来,笔者将对该分类按照顺序做一个说明。

"甘肃动向"(第一章:档案1—64)并不包含在后文各领域范畴中,仅包

---

① 东亚同文会,成立于1898年10月,近卫笃麿为会长。其宗旨是:(一)保全中国;(二)协助中国及朝鲜的改革;(三)研究中国及朝鲜的时事,以期实行;(四)唤起日本国内的舆论。赵金钰.辛亥革命前后日本的大陆浪人[J].中国社会科学,1980(02),144-145。

含和甘肃地区相关的记录。清朝时期(档案1—7)的档案主要是当时在北京、上海取得的情报。例如在当时的清廷有一定影响力的甘肃提督董福祥的动向,与他相关的档案就是从当时的官报中摘录而成的,其实就是清朝政府档案的日文翻译。

民国时期以来的档案,和清朝时期一样,还是以片段形式为主,由地方叛乱和小事件、省政府人事和重庆政府有关的各类记录组成。稍微值得关注的是,"甘肃岷县救国后援会抗日宣传文"(档案16)是日军宪兵队在1933年于辽宁省海城偶然获得的档案。中国在当时开展了全国范围内的抗日救亡运动,甘肃省的甘肃民众抗日后援会也于1937年8月成立并开展活动[1]。岷县的这件档案,就是关于此后援会在岷县4年的活动记录,而日本方面正因独有此档案,其价值受到了特别关注。然后就是和1942年8月在兰州举办的中国工程师学会年会相关的十几件档案(档案20—37);1942年9月蒋介石视察西北地区,并在那里决定将兰州设为"第二陪都"一事的3份档案(档案39—41)。由此可见,这些事件都受到了日本一定程度的关心。

"文化·教育"(第二章:档案65—75)是对当时的教育情况、媒体情况、文化事业的记录。首先,"甘肃省法政学堂设立一事"(档案65)是关于今兰州大学的前身——法政学堂设立的相关记录,是当时的政治官报内容的日文翻译。然后"迁移成吉思汗陵墓"(档案68)、"成吉思汗大典"(档案70)、"工程师学会会员参拜成吉思汗陵"(档案72)这3件档案是和榆中县兴隆山"成吉思汗墓"相关的档案。这个成吉思汗墓曾经在鄂尔多斯地区,1939年被迁至兰州东郊的榆中兴隆山,1949年又迁至青海的塔尔寺,1954年再次迁回了鄂尔多斯[2]。有关墓庙迁移的问题,除了上述情况以外,值得一提的是,此事同样引起了当时日本政府的注意,甚至还被上报给了外务大臣。

"产业·经济"(第三章:档案76—107),是有关农业、水利、畜牧、金融、地区经济政策(制度)的记录。很多都是来源于"中文广播",也就是对重庆发出的汉语广播进行收听后翻译成日语。其中有和水利有关的一连串记

---

[1] 宋仲福,邓慧君.甘肃通史·中华民国卷[M].兰州:甘肃人民出版社,2013:162-165.
[2] 乌云格日勒.试析成吉思汗祭奠的历史变迁[J].兰州学刊,2006(3):38-41.

录:"甘肃省的水利建设"(档案83)、"兰州溥济渠通水　边疆之地化为沃野"(档案84)、"西北开发的水利和铁路"(档案85)、"甘肃省水利开发十年计划"(档案86)、"西北十年万井计划研究会"(档案87)、"甘肃省灌溉十年计划"(档案88)、"甘肃水利"(档案89)。也有和金融有关的一些记录:甘肃银行(档案77,102,105)、通商银行(档案94,96)、兴文银行(档案97)、兰州市银行(档案104,107)。笔者认为这些记录将对我们理解当今该地区产业状况和制度的历史发展具有一定的参考价值。

"通信·交通"(第四章:档案108—121)中,和通信相关的仅有两份,一半以上都是和陆地与航空路线相关的记录。首先是和通信相关的,"蒙古文及藏文电报的符号编制"(档案112),这一件档案说明在1936年的时候,蒙古文和藏文已经被"符号化"了,因此是非常有史料价值的。同时,档案还将这两种语言的文字特征,通过和汉语(表意文字语言)进行对照后做出了解释,这一点在"文字符号发展史"上是同样具有史料价值的①。

接下来说和交通相关的。"西兰公路开通一事"(档案109)、"关于甘肃公路一事"(档案110)等和道路整备相关的记录,向读者清楚地展示了来自苏联的物资在向四川、重庆方向运输时,要经过甘肃这条重要的"西北国际通道"。以"苏中间航路关系(1)"(档案115)为首的一连串档案,记录了开通从苏联阿拉木图起飞,经过新疆、甘肃,到达中国内陆的航空路线的过程,可以看到甘肃的肃州(酒泉)和兰州被当作航空据点。这些记录自然都是站在交战国的兵站立场上得到的。因此我们可以认为,这对当时的日本来说是极为重要的情报②。

"外交·外国人"(第五章:档案122—137)主要是有关外国人在甘肃活动的报告档案。首先是"陕西甘肃方面外国人势力扶植情况"(档案123),该档案记录了1914年时在甘肃的外国人的动向。其基本情况可以概括为

---

① 亚洲地区的文字符号的历史著作,有日本学者三上喜贵.文字符号の歴史:アジア編 A History of Character Codes in Asia[M].东京:共立出版,2002.其中电报符号是在第2章第3节,但是并未有蒙古、西藏的内容。

② 有关抗日战争时期甘肃的交通情况,请参照:石慧玺.透析抗战时期国民政府对西北及甘肃交通运输业的开发[J].开发研究,2008(3):125-128.庞俊义.抗战时期的甘肃交通建设研究[J].湖北函授大学学报,2014(19):92-93.

"在甘肃居住的外国人是英美法的传教士,数量比起陕西来就很少了",可见外国人是非常少的。但是在6年后由日本陆军参谋本部所编的"各国对中经营现状附表"(档案155及"其他"项所收)中,可以看到除了上文的英美法之外,还有北欧各国的外国人,同时也有对外国宣教士所经营的学校和医院的记录。两份档案记载的区别很好反映了这6年的变化情况,当然也有可能是因为收取情报的细致程度而产生了这些区别,这就要留到以后探讨了。

"关于英国人斯坦因去甘肃一事"(档案125)、"有关英国人斯坦因新疆探险的事"(档案126)中,记录了因"发现"敦煌档案和发掘新疆佛教遗迹而被世人所知的、出生于匈牙利的英国考古探险家斯坦因(Sir Marc Aurel Stein:1862—1943)的一些事情。1931年,斯坦因在计划进行甘肃、新疆方面的旅行,而日本的"东方文化事业总委员会"则认为必须阻止斯坦因的这个计划,因此向日本政府提出了相关申请,这就是这两份档案的内容。中国学术界对斯坦因这种考古发掘和将文物送回英国的行为称作"盗掘",对此日本学界也呼应了中国,提出保护"东方文化的骄傲",这一系列史实也应该被当作史料得到我们的关注。

还有一些档案记录了在1942年,作为美国总统富兰克林·罗斯福的特使而访问中国的威尔基(Wendell Lewis Willkie,1892—1944)在兰州活动的一些情况(档案130—137)。从这些档案中,我们可以看到日本政府非常重视当时中美之间的同盟关系,同时也对于我们理解当时甘肃、兰州的"地位"有一定的参考价值。

"军事"(第六章:档案138—154)是抗日战争的档案。首先"在甘肃省肃州设立特务机关一事"(档案138)是作为日军(天津军及关东军)在边境工作的一环,预定在内蒙古、青海、甘肃省的肃州(酒泉)设立特务机关而写成的报告。然后"关于额济纳特务机关员的情况"(档案144),记录了其特务要员被中国当局拘禁、在兰州被处决的情况。以"江崎寿夫"为首的额济纳特务活动和中国当局对此的处理,虽然已有王泽成的记录[1],但是和日本方面的记录还是有很多不同,这一点在今后也有必要进行讨论研究。

---

[1] 王泽成.对肃清额济纳旗日特机关的回忆//兰州文史资料选辑[M].第八辑(抗日战争专辑).兰州:甘肃省新闻出版局,1988:12-15.

和军事有关的最为丰富的记录,是1937年以来,日本海军航空队所进行的数次"兰州空战"的记录。有关"兰州空战"的详细情况,中国的著作已经有《我们的天空》《兰州空战》这些书①。另一方面,这些日本档案正如上文所说,由于并没有补全20世纪40年代的档案,所以有一些致命的缺点,即时间上的缺失,但是,这些现存的档案内容是极为详细的。"兰州机场(第一回)攻击战斗详报"(档案140)、"兰州机场(第二回)攻击战斗详报"(档案141),是日本海军、木更津航空队在1937年12月对兰州(拱星墩)机场进行早期轰炸的记录。根据档案的记载,这次作战(第一回)是早晨7点多从北京南苑机场起飞、17点返回的白天作战行动,总飞行时间达10个多小时,飞行距离"1360余里",这是当时"中攻队"的"最高远距离攻击记录"②。以此档案为首的"兰州空战"相关的档案群(档案140,141,150,151,152)都是正式军事档案,详细记录了从攻击计划到轰炸经过、结果的内容,包括行程记录、进行攻击所使用的飞机、士兵、空战后的"被害"情况等,可以说再也没有比这种档案更为详细的记录了,这就是真正意义上的一手资料。

"其他"(第七章:档案155—162)档案,本来应该是要分到以上各章中,但由于每份档案长度的关系,迫不得已才放到了末尾,当然还有一些档案是因为不符合以上任何一章的标题,才放在了本章中。

首先是"各国对中经营现状附表"(档案155),该档案是日本陆军参谋本部在1920年时对居住在中国的外国人的全貌进行总结,本书中未收录有甘肃省的部分(有关于此,已在"外交·外国人"一章中进行了叙述)。

"甘肃羊毛"(档案156):中日在俄国十月革命后的1918年5月6日缔结了《中日陆军共同防敌军事协定》,基于此协定,日本陆军少佐成田哲夫有约两年半(1918.7.?—1921.1)的时间驻扎在迪化(今乌鲁木齐),他的报告

---

① 岳逢春.我们的天空——抗日兰州大空战全纪实[M].兰州:墨海春华轩,2013.
中共兰州市委党史办公室编.兰州空战——1937—1943兰州空战资料选编[M].2015.
陈应明,廖新华:中国空军抗日大空战系列·之七——西北射天狼:抗战大空战之兰州大捷[J].国际展望半月刊,2003(3)(总462期):80-84.
马宝明.抗战时期兰州空战综述[J].档案,2015(6):42-46.
尚季芳,靳帅.民众口述:日军无差别轰炸甘肃再添新史料[J].档案,2018(1):44-52.
② 档案140记载。

11

书就是这份档案①。笔者认为,这份报告书,是他在去新疆的上任途中于甘肃收集到的情报,档案中详细记录了20世纪初甘肃及青海地区牧羊业的实际情况,从饲养到羊毛的流通都有记述。通过此档案,我们可以看到当时该产业的一部分真实情况,具有很高的史料价值②。同样,"有关甘肃省玉门油田的报告"(档案157),也是当地资源、产业情况的详细报告。

至于"以甘肃省地方哥老会为中心的叛乱报告文件"(档案158)、"甘肃省凉州概况"(档案159)、"甘肃省凉州近况补充报告"(档案160)、"甘肃省凉州近况报告"(档案161)、"甘肃省各地近况报告文件"(档案162),每一份都是以呼和浩特领事的名义发给外务大臣的报告书,都是从来往于呼和浩特的甘肃凉州(今武威)商人那里打听到的。从住民那里打听到的仅限当时甘肃地区的详细情报,是非常独特的史料,其史料价值自不必赘言。不仅如此,我们也可以看到,当时呼和浩特的日本领事馆也承担着对西北地区的情报收集工作。

最后作为"附录"的"《甘肃省情况》绪言与目录",是1943年日本陆军参谋本部制作的大部头的报告书《甘肃省情况》(日文题目《甘肃省事情》)的目录。地理情报、交通、航空·通信、气象、卫生、资源和经济、主要都市概况、民族问题、行政及司法等20世纪40年代的甘肃省情报均囊括在内,图表也非常丰富。对于我们了解当时日本对地区实际情况的把握程度来说是极其珍贵的资料。

---

① 有关按照《中日陆军共同防敌军事协定》而被派遣到新疆各地的日本军人,请参照:中田喜信.新疆ウイグル自治区と日本人(3)[J].アジア·アフリカ資料通報(日本国立国会図書館),Vol.21,No,9(1983):31-36.
房建昌.近代日本渗透新疆述论[J].西域研究,2000(4):46-53.
② 有关甘肃羊毛流通问题,已有毛光远关于20世纪前半叶羊业的研究,以及裴庚辛关于抗日战争时期的许多研究。这份报告书的时间比抗日战争还早(20世纪20年代),笔者认为还是有一定的参考价值的。参照:毛光远.论20世纪40年代西北羊毛改进处[J].中国农史,2008(3):58-67.裴庚辛.抗战时期兰州金融组织的发展及影响[J].青海民族研究,2008,19(2):115-118.裴庚辛.抗战前后甘肃区域市场研究——以水烟、羊毛的运销为例[J].商丘师范学院学报,2009(8):87-91.裴庚辛.抗战时期甘肃水烟羊毛的输出线路变迁[J].甘肃社会科学,2010(3):68-72.裴庚辛.以皮毛、水烟运销为中心看抗战前后甘肃区域市场[J].史学月刊,2011(4):129-132.

四、对日本档案的价值和研究意义的总结

JACAR 的公开史料是对全世界开放的,只要有网络,便可立即对档案的图像文件进行检索。本书中所收的档案不过是甘肃省历史研究中的冰山一角,如果再进行更为细致的查找的话,肯定会有更多的史实被挖掘出来,也会拓宽中国史料的对照研究的道路。

如果要说这些史料的性质和价值的话,正如笔者所介绍的,毫无疑问,日本的大使馆和领事馆,或者陆海军进行独立收集记录的报告,是具有非常独特的价值的。例如,日本宪兵队所捕获的抗日宣传文、兰州空战关系军事档案、日军将校和参谋本部制作的报告等,是在其他地方见不到的,拥有独一无二的参考价值。

但是,实际上这样的"独占情报"相对而言还是不多的。必须指出的是,本书所介绍的日本档案中,同时代的中国方面的公开情报——政府官报和广播、报纸记事等的数量是压倒性的多。同样的情报在中国肯定更丰富,个别情报本身早已经广为流传了。上述的各个分类中所出现的各档案,其中某些记录在中国史料中也可以很轻易地找到,而对某些事件的研究也不在少数(本书尽可能地列举了其相关文献资料)。总之,被收录进日本档案的这些情报,其自身是决不能称作"唯一"的。

日本档案中的各个记录的真正价值,倒不如说是在于"它们被收录进了日本档案",这一事实本身更具有史料价值。比如"文化·教育"章所介绍的成吉思汗陵墓的迁移和大典一事(档案 68,70,72),本身在当时就是流传很广的新闻。但是,这一点被当时驻中国使馆(日本领事馆)的责任官员注意到,通过领事上报给了外务大臣,对于这件事我们该如何去思考呢?根据档案 70 的记载,重庆政府对成吉思汗陵墓大典颇为重视,而且蒙藏委员会也派代表参加。这条记录不就正好说明了成吉思汗其历史"权威"在 20 世纪也对中日两国政府产生了一定影响吗?除此之外,从交通、产业情况相关的一连串记录中,也可以看到当时日本政府当局者对此事的关心程度,甚至可以推量出政府的情报收集能力,这也是这些档案所具有的价值。再者,正如前文所指出的那样,有很多档案的内容是有关 1942 年在兰州举办的中国工程师学会年会,以及同年访问兰州的美国人威尔基的动向,笔者认为这些档案的存在为我们再次考察其历史意义提供了一个机会。同样,这些日本档案,对于我们从多个角度重新解读近代甘肃省,提供了充分的参考价值。

凡　例

· 本书收录的日本政府档案资料,是从日本国立公文书馆下属的亚洲历史资料中心(アジア歴史資料センター,简称JACAR,网址:https://www.jacar.go.jp)里,对其公开的亚洲历史资料进行筛选,精选出和甘肃及兰州相关的档案160余件,并对其进行翻译后汇总而成的。

· 本书所收档案的制成时间是1883—1944年,这一时期的"甘肃省",除现在甘肃省域外还包括青海省和宁夏回族自治区的一部分。本书是按当时的行政区划对档案进行筛选摘录的,因此会有数个涉及现甘肃省以外地区的档案。

· 笔者将各个档案,按照"第一章　甘肃动向""第二章　文化·教育""第三章　产业·经济""第四章　通信·交通""第五章　外交·外国人""第六章　军事""第七章　其他"进行了分类,并按照作成年代顺序进行了整理。而且在附录部分收有日本陆军参谋本部所编《甘肃省情况》(日文原标题:《甘肃省事情》)的目录。

· 本书中各档案的格式是:①档案序号;②档案题目;③档案作成日期;④档案内容;⑤JACAR中档案编号及档案原标题。

· 各档案的"③档案作成日期"中,将日本年号纪年(明治、大正、昭和)统一转换为公元纪年。

· "④档案内容",为了让读者更方便使用,将原档案文字框外的笔记和印章,以及整理档案时的编号的一部分进行了省略。这些信息对于分析该档案的制作流程是非常有用的。在此强烈建议那些想要对各档案进行细致研究的人,一定要以"⑤JACAR中档案编号"为线索,直接参照档案原文。

·"⑤JACAR 中档案编号及档案原标题",是以 JACAR 所要求的引用规则为基准而做成的各档案的目录信息。例如本书中的第 1 件档案,"JACAR:A01100251000(2-4)、臨時第六十一回匪徒陳宝仁等処刑其他逃走ノ匪徒搜索ノ件(国立公文書館)",A01100251000 就是 JACAR 的档案编号(reference code),在 JACAR 网页的检索栏中输入这个号码,就可以直接访问这份档案。号码后面的"(2-4)"是指该档案文件中的页码。"臨時第六十一回匪徒陳宝仁等処刑其他逃走ノ匪徒搜索ノ件"是该档案的原标题,"国立公文書館"是指该档案的所藏机构是日本国立公文书馆。

·翻译的时候,为方便起见,将各档案中所使用的中文数字的一部分改为了阿拉伯数字。同时,为了标明报告类档案的发信者和收信者,在人名后添加了"寄""收"等字。

·本书所收档案中所使用的原词句,有一些和现代用语有出入的地方,本书将其改为现代用语。这些地方采用星形标号"*"进行标明。

·本书所收档案资料,由于文献作者时代及立场的局限,部分用词甚至立场存在错误,如将"伊斯兰教"称为"回教",将回民起义称为"叛乱",将共产党领导的军队称为"共产军",将中国称为"支那",等等。为保存历史档案的真实性,译稿均未予改动,请读者鉴谅。

16

目 录
CONTENTS

第一章　甘肃动向 ... 1

1　处刑匪徒陈宝仁等,搜捕其他逃走的匪徒一事 ... 1
2　清国关于甘肃省回教徒事件* ... 2
3　关于清国广东外两处发生的事件* ... 3
4　清国甘肃地区叛乱愈演愈烈 ... 5
5　有关董福祥受处分的上谕 ... 6
6　甘肃省内骚动*一事 ... 7
7　有关地方官处罚的问题 ... 8
8　甘肃省发出独立宣言 ... 9
9　大总统发布白狼击毙策令 ... 9
10　陕西甘肃新疆地方情况·(二)甘肃省 ... 11
11　甘肃回教徒的暴动和饥饿 ... 11
12　有关甘肃南部的马廷贤等杀人事件* ... 12
13　甘肃省主席邵力子被赶走 ... 13
14　陕西督军杨虎城被红军*击退后,到了甘肃,赶走了主席邵力子 ... 13
15　萧方全红军*情况 ... 14
16　甘肃岷县救国后援会抗日宣传文 ... 14
17　中国回教徒救国会组织 ... 17
18　甘宁青监察使高一涵赴陇南视察 ... 18
19　河套市民为表感激献出慰问金 ... 18
20　工程师学会在兰州开会 ... 19
21　工程师联合年会 ... 19

1

22	工程师学会陕西代表	20
23	朱家骅对工程学会发来贺电	20
24	工程师学会	21
25	兰州物产工业建设文物四大展览会	21
26	工程师学会议题	22
27	国文实业计划研究会	23
28	工程师学会西北建设座谈会	23
29	工程师学会国文事业计划讨论会	24
30	工程师大会闭幕	24
31	中国工程师标准协进会	25
32	工程师学会申请采用米制	25
33	工程师年会	26
34	工程师园游会	26
35	工程师学会的成果	27
36	工程师年会之顾问叶毓等回渝	27
37	各工程师参观陕省建设	28
38	兰州小景	28
39	蒋·西北视察	29
40	蒋介石西北视察讲话发表	29
41	蒋介石视察西北　决定兰州为第二陪都	30
42	中秋节慰问军人	31
43	将西北作为建国的根据地　蒋介石的西北行	31
44	沈农林部长西北视察	32
45	新闻学会慰劳捐款	32
46	蒋命令甘肃政府植树保护森林	33
47	甘肃省本年秋季运动大会	34
48	中国各省灾民流向西北	34
49	甘肃省谷正伦主席出巡	35
50	西北工业考察团入新疆	35
51	甘肃省全省商会召开创立大会	36
52	甘肃省谷正伦主席关于西北建设的讲话	36

53	甘肃省粮食市场稳定	37
54	杜月笙到达西北	37
55	谷主席河西视察	38
56	工业视察团进入甘肃	38
57	杜月笙到达西安	39
58	工业考察团归来	39
59	青海初步工作完成	40
60	兰市劳军运动（一）	40
61	兰市劳军运动（二）	41
62	社教工作队到达兰州	41
63	兰州市建设计划大纲	42
64	甘肃省民政厅长视察地方	43

第二章 文化·教育 **44**

65	甘肃省法政学堂设立一事	44
66	关于中国的报纸相关调查（大正五年末至现在）	45
67	报纸上有关甘肃事件的记事，相关翻译报告文件	46
68	迁移成吉思汗陵墓	47
69	《蒙古喇嘛教史》刊行	47
70	成吉思汗大典	48
71	于兰州设立医科大学	49
72	工程师学会会员参拜成吉思汗陵	49
73	甘肃省四大展览会	50
74	中国回教和世界回教（白崇禧）	50
75	文化电影"新兰州"	51

第三章 产业·经济 **52**

76	甘肃旱情	52
77	甘肃银行纸币发行一事	52
78	关于西北畜牧学校建立计划	54
79	中国工业合作社驻兰州	55

80	改进西北畜牧	56
81	湘桂闽浙赣甘等省降雨对农业有利	56
82	兰州丰收可人	57
83	甘肃省的水利建设	57
84	兰州溥济渠通水　边疆之地化为沃野	58
85	西北开发的水利和铁路	59
86	甘肃省水利开发十年计划	59
87	西北十年万井计划研究会	60
88	甘肃省灌溉十年计划	61
89	甘肃水利	61
90	甘肃省建设三年计划	62
91	西北金融网强化	63
92	雍兴公司的西北开发	64
93	西北开发十年计划案起草结束	64
94	通商银行设立西北支行	65
95	兰州烟类专卖办事处	65
96	通商银行兰州支行开行	66
97	兴文银行西安支行开业	66
98	在广东、湖南、甘肃进行火柴专卖	67
99	向兰州派遣银行监理官	67
100	兰州的公债分配	68
101	财政部甘宁青烟类专卖局成立	68
102	甘肃省银行创立四周年	69
103	财政部禁止新设金融业	69
104	兰州市银行近日开业	70
105	甘肃省银行增资	70
106	兰州的票据贴现率统一	71
107	兰州市银行开业	71

第四章　通信・交通

108	对发往甘肃省及新疆省的电报的处理	72

109	西兰公路开通一事	73
110	关于甘肃公路一事	74
111	关于甘新公路建设的事	79
112	蒙古文及藏文电报的符号编制	81
113	亚欧航空公司的兰州新疆线计划	82
114	重庆"西北国际通道"疯狂扩张	83
115	苏中间航路关系（1）	83
116	苏中间航路关系（2）	84
117	苏中间航路关系（3）	85
118	苏中间航路关系（4）	85
119	苏中间航路关系（5）	86
120	苏中间航路关系（6）	87
121	重庆方面计划确保西北通道	88

第五章　外交·外国人　89

122	有关甘肃平罗县外国传教士及教徒被害事件的上谕	89
123	陕西、甘肃方面外国人势力扶植情况	89
124	报告有关反对斯坦因前往新疆、甘肃两地旅游一事	92
125	关于英国人斯坦因去甘肃一事	93
126	有关英国人斯坦因新疆探险的事	95
127	苏联的兰州领事馆设置要求	96
128	苏联工程专家	97
129	苏联重工业工程师第一团到达	97
130	邵毓麟前往迎接威尔基	98
131	威尔基秘蔽	99
132	威尔基谈话发表	99
133	威尔基在谷主席招待宴上的致辞	100
134	朱绍良、谷正纲向威尔基赠送礼品	101
135	威尔基参观各工厂	101
136	威尔基到达兰州	102
137	威尔基谈西北	103

第六章 军　事 … 104

- 138　在甘肃省肃州设立特务机关一事 … 104
- 139　近期西北地方各军状况 … 105
- 140　兰州机场（第一回）攻击战斗详报 … 106
- 141　兰州机场（第二回）攻击战斗详报 … 111
- 142　武器输送路线的开通以及中国军的活跃 … 118
- 143　新疆甘肃间的政治同盟 … 119
- 144　关于额济纳特务机关员的情况 … 120
- 145　日本的目的是切断三条道路 … 121
- 146　日本空军空袭兰州 … 121
- 147　日军的兰州空袭状况 … 122
- 148　日军在华南华中战线上的不活动，以及从华中战线向某些地区的积极运输 … 123
- 149　日机空袭兰州时中国方面的受害损失 … 124
- 150　第一次攻击（兰州、咸阳） … 125
- 151　第二次攻击（兰州、宝鸡） … 130
- 152　第四次攻击（兰州、咸阳） … 135
- 153　监院战区第二巡察团抵宁 … 140
- 154　监院战区第二巡察团转陕 … 141

第七章 其　他 … 142

- 155　各国对中经营现状附表 … 142
- 156　甘肃羊毛 … 148
- 157　有关甘肃省玉门油田的报告 … 159
- 158　以甘肃省地方哥老会为中心的叛乱报告文件 … 165
- 159　甘肃省凉州概况 … 170
- 160　甘肃省凉州近况补充报告 … 173
- 161　甘肃省凉州近况报告 … 175
- 162　甘肃省各地近况报告文件 … 182

附录：《甘肃省情况》绪言与目录 … 186
索　引 … 190

第一章

甘肃动向

1 处刑匪徒陈宝仁等,搜捕其他逃走的匪徒一事

1883 年 5 月 21 日

临时报告第 61 回五月二十一日

听闻甘肃地区有匪徒以邪教蛊惑人心,这次肃州直隶州的知州宝昌,所擒获的陈宝仁等人即为此类。在这之前,肃州的邪教龙华会,有邪教匪徒残党王林。光绪三年五月,前陕甘总督左宗棠率领兵马驻扎甘肃之时,曾抓捕龙华会首领杨国瑞,通过对此人的审讯,明白此乃多年流窜此处的邪教匪徒,故就地正法。与此同时,王林也被捕,念其初犯,且有程禄为其作保证,宽以待之,仅上枷、折责(改定刑罚),之后由程禄保释。但是王林不知悔改,再兴龙华会,煽动愚民乡党以揽财,光绪七年冬,偷偷进入肃州城自称弥勒佛转世。于是,王林引诱前文所提程禄,以及石德明、蒋春富、罗先德等人,于罗先德家接受诸人礼拜,对诸人传授咒语,勾结百姓入会,听说郭化县的生员陈宝仁精通法术,众人便商量将其拉入伙。王林从程禄那里借来银子买了帽子、鞋子、衣服等物品,然后用二十两银子请陈宝仁当他们的军师,陈宝仁贪财,于是和他们一同去了肃州城,借住在石德明家中,称要推算铁板纸数,而且他还说,王林的出生年月日和汉高祖、明太祖一样,之后又制造迷惑人的方药,传授给程禄、蒋春富、罗先德。自称神妙的石德明,说他看到了王林在金塔河洗澡时,头上有真龙出现。程禄等人统一口径,皆言王林、陈

宝仁是当代奇人,加入本会将来必定共同大富大贵,以此来诱骗众人。这之后,去年六七月间,诱骗杨逢春、孙家胜、邵永沣、杨尚春、侯明元、徐凤桐、薛生雄、徐魁、袁登科等九人,让他们在石德明家中拜王林为师。但是并未传授咒语。这之后又诱骗刘玉林、孙世潮、宝医生、王振江、彭虎杨、双刀子等六人,向他们引见了王林。但是他们并没有拜王林为师,也没有传授咒语。由此开始人数日渐增多,风声渐响,谣言四起,民心惊疑。因此,同年八月二十四日知州保昌命营将逮捕程禄、蒋春富、罗先德、杨逢春、孙家胜、邵永沣、杨尚春、刘玉林、孙世潮等人,查明事情缘由,让其交代事情始末。然而王林和侯明元、徐凤桐、薛生雄、徐魁、袁登科、宝医生、王振江、彭虎杨、双刀子等人一起逃走了。陈宝仁也病死狱中,因此只能暂时先将石德明、程禄、蒋春富、罗先德四人就地正法,对杨逢春、孙家胜、邵永沣、杨尚春四人处以锁带、铁桿石、石磴三年之刑,对刘玉林、孙世潮二人处以戴枷三月之刑,之前逃走的其余十名匪徒尚在搜捕之中。陕甘总督谭钟麟命令必须将王林等十名罪犯绳之以法。

JACAR:A01100251000(2-4)、臨時第六十一回匪徒陳宝仁等処刑其他逃走ノ匪徒搜索ノ件(国立公文書館)

2 清国关于甘肃省回教徒事件*

1895年9月10日

送第154号

根据清国关于甘肃省回教徒的事件*,依据在上海帝国总领事的报告,在上个月二十六日的《北清日报》①上刊登了同月十五日甘肃向湖北发出的

---

① 这里所写的《北清日报》,是直接沿用了日语原文的说法。该报纸应该是指英文报纸 The North China Daily News(中文名《字林西报》)。记录中出现的"Yaochieh"和"Ma Pisheng 先生",都被以日语片假名的方式转写成了"ヤヲチェ"(地名)和"マビーセン氏"(人名)。之所以会以片假名的形式记录,是因为当时的日本驻上海领事馆做此记录的时候,担任记录的人员无法确定这两个地名和人名。

电文公报。其要点是,西宁府其他所有县的都邑,完全归回教徒所有。以平番逼近贼势为由,凉州的知事代理这样在 Yaochieh 不利于迎击,回民势力终于占据了平番,破坏了电线,断绝了该地以北的交通。而且和县实际上处于贼围中,形势危急,要求喀什司令官董福祥将军和 Ma Pisheng 先生尽快前往事件*的地区。之后,在《北清日报》上,看到陕西通信刊登的报道,数千敌人与哥老会及其他秘密团体勾结,清兵的逃兵也加入其中,士气大振,队伍整齐,兵器也像是俄罗斯制造的。而其目的是为了建立一个包括西藏、伊犁、甘肃、蒙古在内的中亚独立国家,目前他们*集中在距兰州一百八十清里①之地,此地将产生非常大的恐慌。因此,如果不能迅速地消灭他们*,那么事态就会变得非常困难。说是有之前后参照,完全像前面提到的公报一样。我认为这次武装起义并不容易,还请您见谅。

（以下略）

JACAR：A04010014600、清国甘肃省二於テ回々教徒*二関スル件（国立公文書館）

3 关于清国广东外两处发生的事件*

1895年10月11日

第200号

最近上海的帝国总领事报告,有关中国广东外两处发生的事件*情况。

---

① 清光绪三十四年（1908年）重定度量衡时明确规定里制为："五尺为一步,二步为一丈,十丈为一引,十八引为一里。"清光绪时期,一里＝576米,到了1929年,一里＝500米,这里的清里应指清朝时期的一里。180清里约104千米。请参考:(清)刘锦藻.清续文献通考:卷一百九十一·乐考·度制[M].民国景十通本.方伟.民国度量衡制度改革研究[D].安徽大学博士论文,2017.

近代档案中的甘肃(1883—1944) >>>

据此可知,在距离广州四十英里①的地方,太平天国的余党联合了部分海盗,其数量约为四千人。汕头前些日子爆发的武装起义,在福建、江西两省蔓延,但甘肃的起义军*却从四川影响到云南,清政府派兵到宜昌,阻断甘肃和云南的呼声。此段报告见附页。

明治二十八年十月十一日
外务大臣临时代理　文部大臣侯爵西园寺公望(寄)
内阁总理大臣侯爵　伊藤博文殿(收)

(附页)公信第56号
　　(中略)
　　关于甘肃省武装起义的事件,此后没有得到报道,不过,起义军*的影响从四川转移到云南省,这里回教徒较多,可以支援甘肃的同宗,同省也计划发动一场独立的行动。因此,清政府从天津派遣了为甲午战争而雇佣的军队到宜昌,似乎要切断甘肃、云南之间的声息。
　　汇报如上。

明治二十八年十月一日
驻上海帝国总领事馆
总领事　珍田舍巳(寄)
外务大臣　原敬殿(收)

　　JACAR:A04010015600(1-3)　清国広東外二ヶ所二起ル叛徒ノ情況二関スル件(国立公文書館)

---

① 英里,英制长度单位。(英制是一种使用于英国、其前殖民地和英联邦国家非正式标准化的单位制)1英里=5 280英尺=63 360英寸=1 609.344米=1760码=1.609344千米=1.609344公里。参照:新村出.広辞苑[M].上海:上海外语教育出版社,2012:2626."マイル"条。

4

4 清国甘肃地区叛乱愈演愈烈

1895年11月6日

第231号

清国甘肃地区叛乱愈演愈烈,为镇压乱贼,留在天津的统领陈湜及浙江温处道袁世凯等其他人奉命前往此地。另外,招商局的轮船拱北号装载了兵力,在锦州附近的海湾停泊中,汽缸破裂,死亡人数达五百多人,如附页所示。在天津荒川一等[书记官]

如下报告所示。

明治二十八年十一月六日
外务大臣临时代理文部大臣侯爵　西园寺公望(寄)
内阁总理大臣侯爵　伊藤博文殿(收)

(附页)

明治二十八年十月二十一日　在天津日本领事馆

甘肃的地方叛乱,正如内外各大报纸所记载的那样,正如现在当地清人所说,甘肃地区是回教盛行的地方,大多数人民都信仰回教。官民之间,经常处于蔑视厌恶的状态,他们企图叛乱,每件事都应该说是官民的冲突引起的。咸丰、同治年间,左宗棠平定了十多年来的叛乱。如今提督董福祥率兵六万陷进敌围,而敌军号称有八十万,且日渐增多,极为猖獗。此外,陕甘总督杨昌濬之前虽然被判革职留任,但他可能会被免职。

从锦州回到天津的统领陈湜率十八营,统领魏洪义率领十三营,正向甘肃进发,其他提督也在当地招兵买马。

浙江温处道袁世凯先是奉命赴北京,后来又到此地逗留,不久又率三十营任总统,转而前往他的地盘。这次招募的兵曾是山海关的守备队,在刚刚解散队伍归遣的时候来到了当地,就传来了甘肃的警报,并被命令派兵。大家都不想去,只有袁世凯一个人主动提出了西征,从去年以来,袁世凯虽然有过不好的评价,但他还是想要建立功勋,得到皇帝的信任,并弥补之前的过失。甘肃距天津四五千清里,运输不是很方便,到达他的军队驻地至少要几个月的时间。可能回教和清朝风俗习惯不同,所以才不服从清朝的教化。回教不和信仰别的宗教的清人结婚或是交往,这大概就是他们和其他清人不相容的缘故。据说在清朝北部地区,自称是马贼的匪党,多半是回教徒,明目张胆地掠夺钱财,要镇压他们非常不容易。(以下略)

JACAR:A04010016500(4) 朝鮮国ヘ被差遣ノ井上伯爵ヨリ同国大君主陛下ニ謁見ノ上御親書捧呈済ノ件(国立公文書館)

5　有关董福祥受处分的上谕

1900年12月8日

公信第109号　受第17998号

　　本日下午五时,山东巡抚袁世凯收到有关董福祥受处分的上谕电报。右述之事,因料想阁下已经知晓,故此处,随电报一同将其复写件,传送过来。敬上。

明治三十三年十二月八日
在芝罘　领事田结铆三郎(寄)
外务大臣　加藤高明殿(收)

　　刚接到西安来电闻,十月十二日,内阁奉上谕甘肃提督董福祥,从前任在本省,办理回务,历著战功。自调京来后,不谙中外情形,于朝廷讲信修睦之道未能仰体,遇事致多鲁莽。本应予以严惩,姑念甘肃地方紧要该提督人地尚属相宜,著从宽革职留任。其所部各军,现已裁撤五千五百人,仍著带领亲军数营,克日驰回甘肃扼要设防,以观后效。钦此。

东抚院

JACAR：B02031962700、5　明治 33 年 12 月 8 日から明治 34 年 2 月 17 日（外務省外交史料館）

6　甘肃省内骚动*一事

1901 年 1 月 4 日

之前有传闻说端郡王以下和义和团有关的王公大臣都被处罚了。董福祥是否被认为是其中的重要一员呢？这之后没过多久，有一个当地的外国报纸刊登了董打算在甘肃造反的新闻，但是当时只是被当成了一个谣言。根据甘肃省兰州府的来电，本月一日发行的某个汉语报纸中，刊登了回教徒*包围狄道城池，官兵势单力薄、难以久撑的新闻。然后在第二天发行的某个汉文报纸中，说到陕甘总督手下的湖南兵，在狄道附近和回教徒*交战，大获全胜，余部*四散而逃。还有某汉文报纸中，说到皇太后为了镇压甘肃省回民骚动*，让之前上任的云贵总督魏光焘暂时留任陕甘总督，一同尽力镇压。这次甘肃省的被镇压的势力*是否真的像之前传言的那样，是受到董福祥的教唆，这还不好说，不过中国人都说董福祥在甘肃一带很有威望，或许是同省的回教徒，听说董福祥被处罚，遂而造反也是有可能的。只是前文所说的有关回民*的情况，各种说法均不相同，所以孰真孰假，难以辨之。只能等待今后更为详细的报道。

如上，仅供参考。

明治三十四年一月四日
在清国　上海
总领事馆事务代理　松村贞雄（寄）
外务大臣　加藤高明殿（收）

JACAR：B02031942900、7 甘肃省（外務省外交史料館）

7 有关地方官处罚的问题

1901年12月5日

（编者①附言）本书为明治三十四年十二月五日，大前记录课长所下附的文书，因其原封不动合订在一起，但是有些不在编者所知道范围内，所以可能有一些公文没能收录其中。

有关处罚元凶的问题

有关地方官处罚的问题

为照复事：

前接来函，以提督董福祥不应仍留行在等因，应当经本爵大臣根据情况代为上奏。光绪二十六年十月十二日，奉上谕甘肃提督董福祥，从前任在本省，办理回务，历著战功。自从调入京城以后，不熟悉中外的情形，对朝廷讲信修睦之道，没能领会奉行，导致他遇事多有鲁莽。本应该对他严惩，但是想到甘肃这一紧要之地，该提督和此地的人事尚属于相互适宜。所以对他从宽处理，革职留任。他所率领的各军队，现在已经裁撤五千五百人，但是仍然让他率领几个营的亲信部队，即日起奔赴甘肃扼要设防，以观后效。钦此。相应照后，贵大臣查照可也。须至照复者。

右照会

大日斯巴尼亚国（今西班牙）驻京钦差大臣 葛

光绪二十六年十月十八日

JACAR：B02031960500（1）、4 明治34年10月6日 4（外務省外交史料館）

---

① 此处"编者"特指当时的外务省负责人（《会议录》的编者）。

8 甘肃省发出独立宣言①

1911年12月28日

甘肃省　6524 平

北京发　明治44年12月28日后01：10/东京收　明治44年12月28日后06：10

内田外务大臣(收)伊集院全权公使(寄)第747号

整合当地报纸所传信息,甘肃省在清历十月二十五日发出独立宣言,宁夏、凉州、兰州等地都归到民兵的手中了,陕甘总督长庚也成了俘虏。

JACAR：B03050620900、4　甘肃省(外务省外交史料馆)

9 大总统发布白狼②击毙策令

1914年8月10日

(大正三年八月十日报告)

根据各方面的报告,白狼频频蹂躏陕西、甘肃后回到了河南的巢穴,八月八日北京各中文报纸报道了镇嵩军统领刘镇华部下击毙白狼匪徒头目白狼一事。九号以大总统策令的形式公布了此事。内容如下：

---

① 辛亥革命时国内各地都出现了"独立"运动,请参照：王来棣.立宪派的"和平独立"与辛亥革命[J].近代史研究,1982(2)：272-288.但是在此文中缺失了有关甘肃省的相关记述。
② 白狼：此处应指白朗(1873—1914),民国初年河南等地爆发的"白朗起义"的首领。请参照：张宪文,方庆秋,黄美真主编.中华民国史大辞典[M].南京：江苏古籍出版社,2002：572."白朗""白朗起义"条。

河南护军使赵倜的电陈：镇嵩军统领刘镇华报告，八月五日探得白狼藏匿于大营以北二十里的石庄附近，分统张治功、副官靳敬民、队官王景元等立刻前往进行逮捕，将白狼击毙，后又派巡按使田文烈进行查验，根据田文烈的电陈，检查结果和事实相同。据查，白狼不过伏莽小丑，在孙文、黄兴的诱惑煽动下，啸聚匪众，焚掠屠杀，惨毒之极，如今伏诛，大快人心。如今匪首已伏诛，应当扫净散匪，故田文烈、赵倜要求地方官认真处理善后事宜。

根据另一份策令，赵倜就任广威将军，刘镇华叙勋五位，授张治功三等文虎章，靳敬民、王景元等在查明情况后处以优待。然后根据八月十二日大总统策令：

根据河南护军使赵倜的续电，通过调查可知白狼死后的情况是，在田作霖、张敬尧、牛桂林、刘宝善等各支部队围攻三山寨的时候，白狼受重伤死去，匪党将尸体藏在石庄附近，后被张治功发现。白狼因为田作霖等人的攻击，受伤而死的报告实际是冒功，刘镇华不经审查就转送报告是粗心大意，但是念他有功，故免去他的处分，本年9月的策令中，其行赏也被取消。

八月十二日还有策令：陆军少将张敬尧、陆军中将刘镇华由于之前剿匪无功，故被撤销了官职，这次由于白狼已死，所以官复原职。

JACAR：B02130347000、第五号／〇白狼撃斃二関スル大総統策令公布（外務省外交史料館）

10　陕西甘肃新疆地方情况·（二）甘肃省

1928 年 8 月

　　甘肃省是由刘郁芬督办,他与张之江、鹿钟麟、李鸣钟、宋哲元并称为冯（玉祥）麾下的杰出人物。如今,甘肃仅凭鸦片及羊毛税,一年收入约七百万元,冯进军河南后的军费,主要由甘肃、陕西两省来支付。据说兰州刘（郁芬）部下有三个师团,约一万兵力。

　　JACAR:A04010411400(53)、外事警察报第 74 号（国立公文书館）

11　甘肃回教徒的暴动和饥饿

1928 年 10 月 11 日

昭和三　13645 平　伦敦　情、亚　本省　十月十一日前着
田中外务大臣（收）　佐分利代理大使（寄）　第 238 号

　　十日,各报纸（报道了）南京政府指派张学良加入政府委员会一事的上海通信,以及华洋义赈会报告的甘肃回教徒暴动,住民被残忍杀害,二十余万人处于饥饿之中,此报告的摘要被纽育①通信所接受。但是上文所说的报道并没有任何一家媒体刊登出来。

　　JACAR:B02031704900、2　昭和 3 年 10 月 11 日から昭和 5 年 12 月 4 日（外務省外交史料館）

---

①　原文日语汉字为纽育,即纽约。

11

12　有关甘肃南部的马廷贤等杀人事件*

1931年1月10日

南京政府对残杀汉人事件的焦虑——回避所有公开发表　频繁的行政措施(《朝日新闻》昭和六年一月十日)

(北平特派员八日发)有关甘肃南部的马廷贤等回教徒杀害汉人一事,其后根据中国方面的情报,不断发生的回汉两民族冲突惨案,让南京政府格外狼狈,现在正在进行对策研究。总之,为了稳定人心,八号突然向全国发出了两名主要官员的就任电报。即马鸿宾任甘肃办法司令兼新编第七师长,雷中田任新编第一师长,前者于宁夏、后者于兰州开展新的军事任务。即使是政府也没有在世人面前正式公开回教徒军队的暴虐事件。只有蒋主席通过总指挥吉鸿昌给雷中田的电报里明确说道"对于马廷贤脱离常规的行为深恶痛绝,让你对马氏做出警告和限制,不得敌视马氏,避免让事情更加复杂,否则人民将陷入水深火热当中。随时报告当地情况"。由此可知,南京军事当局对此格外忧虑。南京政府在这些日子里让陆军部长何应钦填补了西北边防司令长官一职,将蒋亭文、顾祝同、张纺等人纳入他的指挥之下,已经确定要将他们送往遥远的甘肃。其实这是政府当局为了平定回教徒*的应急计划。但是官方和中国报纸考虑到中国有四千万回教徒,为防止其动摇,对此全部视若无睹,这反而可以看出这件事的重要性,同时也暗示着这件事前途未卜。

JACAR:B02031844700、8　参考1(外務省外交史料館)

13　甘肃省主席邵力子被赶走

1932年12月6日

报纸发表第923号十二月六日　十二月五日陆军省收电

　　陕西省主席杨虎城秘密联络冯玉祥继续策划着某种行动,最近命部下第十七师师长孙蔚如,赶走了蒋介石任命的甘肃省主席邵力子,将其管辖的土地如数占领。蒋介石以讨伐红军*的名义急派第一、第二师前往甘肃。

　　JACAR:A03023850600、甘肃省状况(国立公文書館)

14　陕西督军杨虎城被红军*击退后,到了甘肃,赶走了主席邵力子

1932年12月6日

陆同文　昭和七年十二月六日　电报十二月五日后2:00发　5:30收
参谋次长(收)
南京楠本中佐(寄)

第650号(其一——二)

　　根据情报人员的报告,陕西督军杨虎城被红军*击退后,到了甘肃,赶走了主席邵力子,邵只身逃往南京。蒋介石大怒,以讨伐红军*的名义,派遣第一、第二师。根据其他方面消息,原来杨虎城和冯玉祥有过秘密联络,杨虎城受到冯玉祥的教唆,故派部下孙蔚如(第十七师长)将邵力子赶走,抢夺了甘肃。

　　冯玉祥得到了两广胡汉民、四川刘文辉、贵州毛光翔的支持,打着抗日的旗号,策划着讨蒋运动,因此伍朝枢代表时不时访问冯玉祥。冯玉祥如果

成功进入中原,那么便可在开封、西安建立政权;如若不成功,则可退居蒙古,建立北方"苏维埃"。

(以下略)

JACAR:B02031994500、2　漢口/4　昭和7年12月6日から昭和8年1月28日(外務省外交史料館)

15　萧方全红军*情况

1932年12月28日

报纸发表第959号　十二月二十八日　十二月二十七日陆军省收电

以萧方全为指挥官的红军*约二万,从鄂北进入陕西省,又由西安附近向固城方面进军,计划就在今年拿下汉中过年,之后又在犹豫接下来是向甘肃省进军,还是向四川省进军。如果他们进入甘肃,那么这里的"苏维埃"区域将会扩大;如果可以直接和苏联联系的话,那么将会出现很大的问题,须进一步观察。

JACAR:A03023854500、蕭方全共×軍状況(国立公文書館)

16　甘肃岷县救国后援会抗日宣传文[①]

1933年1月11日

第8号　昭和七年一月十一日　在牛庄
领事　荒川充雄(寄)

---

① 有关甘肃岷县救国后援会等甘肃省的救国后援会的活动,请参照:郭云霞.全面抗战时期甘肃省民众抗敌后援会研究[J].陇东学院学报,2017,28(6):86-90.

外务大臣　犬养毅殿（收）

海城宪兵分遣队抗日宣传文扣押事件

本事件相关的大石桥警察署长如附页所示做了报告。仅供参考。
本信收件：外务大臣，奉天总领事

（附页）
海城宪兵分遣队抗日宣传文扣押
昭和六年十二月三十日　海城内抗日会（甘肃岷县救国后援会）

记

在国难日一九三一年九月十八日那一个危急的秋天，同胞理应有所觉悟和行动。全国各省市县抗日救国团体及各个报社的同人们：

> 倭奴日本趁着祖国危急，长驱直入，占领我国领土。为了筹划正当的防卫方案，我们一起要求政府当局做好作战的准备。在重要城市的同胞，已经受到了巨大的刺激，大声疾呼抗日，抗日的怒涛日益高涨，断绝经济交往，抵制日货的舆论也与日俱增。政府对此应当加以领导，努力贯彻方案，坚决实行，使倭奴自取灭亡，夺回大东三省，以期舆论得到改善。如果政府当局不加以指导，不加以纠正，各省的反日运动将趋于过激，如果舆论膨胀，人民的愤怒将日益高涨。那只会招致无益的失败。那么，政府和人民白白受苦，又有什么好处呢？从国民政府成立以来，抵制日货的行为不止三四次，之后政府也是再次同意，人民的愤怒并不是不够，民众口中时刻高呼贯彻，政府承认这一点。但是在国家的颜面上还是不能干涉的。结果，倭奴今天横行霸道，杀害我们的同胞，并占领我们的省城，这样的暴行，虽然违反《国际法》，但趁着我们的空子做了这些事，这是政府和民众自找的结果。

现在国家有难，政府人民要做好应战的思想准备，虽然已到了这个地步，但与"临渴掘井"、马后炮不同，根据各自的情况，东山再起也不是不可能的。胜利的前提在于民心的自觉。在国难之际，以下向各位同胞宣告我们每一个人不可缺少的觉悟和行动。

第一，虽然政府当局知道经济绝交是重要的对策，但人民应该本着自发的精神予以协调，接受领导，在商业界内部建立一定的组织，以审慎的精神取缔表面上的东西，以相互合作的方式达到目的。

第二，经济绝交对实业家来说有着重大的关系。然而，我们即使没有日本，我们的商界还是像从前一样蓬勃发展，丝毫不觉得痛痒。这当中没有任何相对立的关系，只是在通商贸易港的重要城市，实业家内部要形成一定的组织，在精神上相连合，不仅在表面上，在内部也要紧密合作，从容不迫地与倭奴停止交易，不乘倭奴的策略，政府的痛苦自然就没有了。保持慎重，一定会走向成功的彼岸。我们的政府和人民应本着以上精神，落实相互协作，以这样的步伐堂堂正正地前进。现下日本在实施暴行，先不说实战的结果，但是，我们不能仅仅只是期待着倭奴走向灭亡。国家危急之际，只是徒劳高唱打倒帝国的口号，并不能拯救祖国。即使大声宣扬国耻，也不可能雪耻。政府和人民首先要充实内部，以真诚之心巩固内在，以民族大义大胆前进，才能实现打倒倭奴、洗清外侮的雪耻。我们同胞都需要树立正确的舆论导向，团结一致。团结的宗旨是，同胞各守本分，强化义务观念，首先军人遵从政府的命令，实业家树立（与日本）经济绝交的意识，在学校、乡团做好充分的训练，未雨绸缪，在省县城市实施讨伐日本的政策，以"天下兴亡，匹夫有责"的口号鼓舞干劲，并付诸实践。遵循团结一致的精神，同时我们发扬国威、抵制倭奴就容易实现了。在东三省的各省县，同胞手里已经有进口的日货了，倭奴从中挣了很多钱。如果将同胞们购买的货物认定为日本货物，并将其烧尽，这一举措与自杀政策没有任何不同。

本会考虑到这一点,对本会成立以前的日货进行了验证登记,并建议各实业界的同胞在期限内进行销售,今后绝对不要与倭奴进行交易。如在验证登记后,再次发现未登记的日货,就予以没收,用于救济贫民。同时由政府机关严惩当事人。但愿我国政府各方面的同胞也慎重考虑,以团结一致为目的。这样做的话,还怎么会害怕倭人的蛮横呢?国家的耻辱也只是一小段历史。如若幸运,希望政府及各方面的同胞也能谅解本会的意愿,团结一致共度国难。敬告。

JACAR：B02030337300(1-3)、10　牛荘　3　昭和7年1月11日から昭和8年6月2日(外務省外交史料館)

17　中国回教徒救国会①组织

1938年6月23日

内阁情报部"6·23"情报第6号　中国中央通讯社(十九日)(朝鲜总督府递信局收取)汉口电

(一)一千五百万乃至两千万的中国回教徒,以中国军副参谋长白崇禧为执行部议长,组织了中国回教徒救国会。回教徒最多的宁夏、甘肃、青海、新疆各省,在三十二名中国回教徒指挥官的支持下,救国会成立回教徒抗日统一战线,动员回教徒参加抗日战争,加强中国人与回教徒的关系,通过组织回教徒青年,不仅密切了中国与回教国的关系,而且安抚了回教徒的民心*,之后下决定,派遣游击队到日军占领区域。该救国会从回教徒势力强大的中国西北开始活动,并逐渐向西南发展。另外,回教徒委员作为亲善使

---

① 有关白崇禧及中国回教徒救国会,请参照：李伟,雍际春,王三义.抗日战争中的回族[M].兰州：甘肃人民出版社,2001：110-137.答振益,刘书英.试析中国回教救国协会[J].回族研究,1998(4)：104-114.丁明俊.白崇禧与中国回教救国协会[J].回族研究,2015,25(3)：5-13.

节被派遣到印度、埃及、土耳其和叙利亚等地。

JACAR：A03024344100（1）、支那中央通信社报（19日）（国立公文书馆）

18　甘宁青监察使高一涵赴陇南视察

1942年3月22日

（中央社兰州二十一日电）

甘宁青监察使高一涵，顷离兰前往陇（甘肃）东南各地巡视。听说此次视察，主要视察新县制的推行，以及县以下基层组织的实际效果。甘宁青监察使高一涵赴陇东南视察。

JACAR：C13050149500、甘甯青監察使高一涵赴瀧東南視察　華文放送　昭和17年3月22日（防衛省防衛研究所）

19　河套市民为表感激献出慰问金

1942年5月22日

（兰州二十二日）

据五原来电，军队修复河套上游各地河川时，民众陆续带来鸡、鹅等食物慰问官兵，一派军民合作的热闹景象。因军队修复河川作业顺利进行，取得了良好成绩，当地居民献出慰问金，购买物品慰问军队。

JACAR：C13050104000、河套市民感激し慰問金醵出　中央社　昭和17年5月22日（防衛省防衛研究所）

20　工程师学会在兰州开会[①]

1942 年 7 月 4 日

(兰州三日)

工程师学会本年度大会将于八月一日在兰州举办,会场在抗建堂,会员宿舍区在甘肃学院。参会人员达四百多人,其中大部分是重庆人。大会准备了十几辆汽车,派往重庆、成都地区接送会员。夏天是兰州的黄金时期,工程师学会在兰州举办还是第一次,甘肃省人士希望借此可以得到对西北建设的帮助。省政府也在准备着举办物产、工业、建设、文物四个展览会,想要尽可能给会员们介绍边疆的概况。

JACAR:C13050246700、工程师学会蘭州で開会　華文放送　昭和 17 年 7 月 4 日(防衛省防衛研究所)

21　工程师联合年会

1942 年 7 月 25 日

(兰州二十五日电)

各地出席工程师联合年会的会员刻已先后启程来兰,大会日程业经筹备会的排定,于八月一日开幕,七日闭幕。各方将在大会讨论三大问题,即(一)国家实业计划,(二)工程概准问题,(三)甘省府所提之等题,咸予以密切之注意。

[①] 有关中国工程师学会,请参照:茅以升.中国工程师学会简史[M]//中国人民政治协商会议全国委员会文史资料研究委员会编.文史资料选辑第 100 辑.1985:130-149.于兆福.民国时期的中国工程师学会研究[D].东北大学,2011.

JACAR:C13050248900、工程師連合年会　華文放送　昭和17年7月25日(防衛省防衛研究所)

22　工程师学会陕西代表

1942年7月30日

(西安二十九日)

　　本次出席本年度工程师学会年度大会的陕西省代表,已经在二十八日出发去兰州了,凌勉之建设厅厅长和孙绍宗水利局局长也作为陕西省代表参加了大会,也将会对明年在西安举办下一届大会一事提出建议。

JACAR:C13050246900、工程師工学会陕西代表　華文放送　昭和17年7月30日(防衛省防衛研究所)

23　朱家骅对工程学会发来贺电

1942年7月31日

(重庆三十日)

　　中央研究院代理院长朱家骅先生对在兰州召开的中国工程师学会发出了如下贺电。工程学者的不懈努力为抗战建国作出了重大贡献。兰州自古以来就是我国一大名城,是欧亚交通道路上的一大重要据点,国人往往会认为它是西北城市,但是从我国的版图来看,兰州实际上是在全国的中心位置,我相信诸贤必定会以国家实业计划为基准尽力建设西北的。

JACAR:C13050247000、工程学会に対する朱家驊の祝電　華文放送

昭和17年7月31日（防衛省防衛研究所）

24　工程师学会

1942年8月2日

（兰州三十一日）

全国五百名工程师齐聚兰州，出席八月一日的工程师学会以及八专业学会的年大会。三十一日，最后到达兰州的大会专用汽车是从成都过来的。凌鸿勋先生也在三十一日晚上从天水赶到兰州。大会日程有八天，以讨论甘肃省政府提出的四大议题为中心，都是和西北发展息息相关的内容。本年大会还尚未开幕，来年的开会地，已经在桂林、康定、西安各地间开始了争夺。

JACAR：C13050247100、工程師学会　華文放送　昭和17年8月2日（防衛省防衛研究所）

25　兰州物产工业建设文物四大展览会

1942年8月3日

（兰州二日电）

甘肃省物产、工业、建设、文物四大展览会于二日举行。从陪都飞兰的中央委员吴稚晖、钮永建两人也欣然出席开幕礼并致辞，对甘肃及西北的前途寄予无限希望。此次展览品多达八千余件，参加单位一百五十余个，范围之齐备，内容之精，非特证明西北之不贫不苦，足证我西北前途是一幅光明远景。

JACAR：C13050245200、蘭州物産工業建設文物4大展覽会　華文放送　昭和17年8月3日（防衛省防衛研究所）

26　工程师学会议题

1942年8月5日

（兰州四日）

工程师学会四日对甘肃省提出的下面四个议题进行了讨论。

一、陇海铁路经济路线的研究。讨论的结果是各会员都认为○○至○○，以及东线从○○经过○○到达兰州的这条线是很有经济价值的。但是为了○河流域的资源输出，应该修筑○○支线①。

二、水利工程问题。对于平丰渠的水量问题以及兰丰渠的四大困难问题，还需要别的专家进行实地测量考察。

三、甘肃的炼铁制铁问题。综合专家三人的推荐和各会员的意见后，向政府报告。

四、西北轻工业发展的办法。西北是羊毛的宝库，因此很期待纺织工业的发展，尤其是中国纺织学会对此非常重视，希望可以提出详细的报告。

JACAR：C13050247400、工程師学会議題　南華日報　昭和17年8月5日（防衛省防衛研究所）

---

① 此段文中○，原文即如此，非字迹不清。

27　国文实业计划研究会

1942年8月6日

(兰州六日)

今年工程师学会年度大会的主要讨论题目是国文实业计划研究。根据该计划研究委员会的总干事叶秀峰所说,本会是根据第九回年度大会的提议进行组织的,从各专业学会中选出五人作为委员。今年采用了大会的意见,今后将会致力于调查和工作的分配。

JACAR:C13050247500、国文實業計画研究會　南華日報　昭和17年8月16日(防衛省防衛研究所)

28　工程师学会西北建设座谈会

1942年8月7日

(兰州五日)

工程师学会五日早晨开始了西北建设问题座谈会。在降雨中各会员都出席了会议,各科分会对甘肃省政府提出的项目进行了讨论,孙越崎、吴承洛等人对讨论结果做了报告:会议期间进行了持续研究,并且做出了详细的报告,以供省政府参考。接下来张心一建设厅厅长代表甘肃省政府表达了谢意,对于省政府接下来提出的议题,又做了详细的讨论,会员中的多数都表达了自己的意见。最后,翁文灏会长让韦以黻、沈百先、孙越崎、欧阳仑等四位组织小分科会,起草报告。

JACAR:C13050247600、工程師學會西北建設座談會　華文放送　昭和

17年8月7日（防卫省防卫研究所）

29　工程师学会国文事业计划讨论会

1942年8月7日

（兰州五日）

工程师学会第一次国文实业计划讨论会在五日下午开始了分科会：

一、化学工业分科会　制药、食品、日用品各工业；

二、机械工业分科会　汽车、船舶；

三、采矿冶金分科会　石炭、铁、石油；

四、纺织分科会　衣服工业；

五、水利分科会；

六、电力分科会　水力发电及电力通信设施。

各分科会分别进行各种计划草案基本数字的详细讨论和修正，七日进行集体讨论。

JACAR：C13050247700、工程師学会の国文事業計画論会　華文放送　昭和17年8月7日（防衛省防衛研究所）

30　工程师大会闭幕

1942年8月8日

（兰州七日）

在第十一次工程师年度大会闭幕式上，给全国工程师通告了大会的结果报告和总裁在大会训词中所说的"工程动员"。

JACAR:C13050247900、工程師大会閉幕　華文放送　昭和17年8月8日（防衛省防衛研究所）

31　中国工程师标准协进会

1942年8月8日

（兰州七日）

六日,中国工程标准协进会在当地举行了成立仪式,翁文灏任主席。从各学会都有报告。交通部徐次长,经济部欧阳司长,国文实业计划研究委员会总干事叶秀峰、度量衡局长郑礼明都对工业标准化运动发表了意见。这次会议的任务是遵照国文计划实施第二次工业革命,并且完成第一次工业革命。大会通过了大多数提案及办法。

JACAR:C13050248000、中国工程師標準協進會　華文放送　昭和17年8月8日（防衛省防衛研究所）

32　工程师学会申请采用米制

1942年8月9日

（兰州八日）

工程师学会在七日下午的大会上通过的提案中,最重要的是创设李仪祉、陈子博奖学金以及将现在市场的度量衡改为米制的请愿。

JACAR:C13050167700、工程師学会メートル法採用請願　放送　昭和17年8月9日（防衛省防衛研究所）

33　工程师年会

1942年8月9日

(兰州九日电)

此次工程师年会,陕甘宁青及新诸省代表参加,新疆代表戴孟两人九日晨公干结束后,离兰飞新。

JACAR:C13050249100、工程師年会　華文放送　昭和17年8月10日(防衛省防衛研究所)

34　工程师园游会

1942年8月10日

(兰州十日电)

参加此次联合年会的全国各地工程师,将于5日内(于)甘省府,9日之午举行园游会,招待游览省府后花园,以示惜别,该处为明肃王府邸,留有古迹甚多。10日之午,十工程师分三组参观全市十二厂,对抗战以来西北工业之突飞猛进,留日深之印象。

JACAR:C13050249000、工程師園遊会　華文放送　昭和17年8月10日(防衛省防衛研究所)

<<< 第一章 甘肃动向

35　工程师学会的成果

1942 年 8 月 19 日

(兰州十八日电)

工程师年会的归程专用车十七日离兰。以下是第十一届年会的最后一个消息:中央社记者访问了年会筹委会主任委员沈桑,向他咨询了本届年会的感想。沈先生很开心地进行了回答。这次年会得以在兰州举行,是给全国工程师的一个启发,这是我们最大的收获。西北地区各省之间曾经因为相互隔绝而不清楚的东西,这次也都得到了解决,而且在去年闭幕会上,就已经拜托很多国内有名的建筑公司的负责人,都在兰州设立办事处了,中央工业实验所也决定在这里设立工作站了。

JACAR:C13050248200、工程師学会の成果　華文放送　昭和 17 年 8 月 19 日(防衛省防衛研究所)

36　工程师年会之顾问叶毓等回渝

1942 年 8 月 20 日

(兰州十九日电)

前来兰参加工程师年会之顾问叶秀、毓环等,十九日飞峰,沈百倩飞返渝,同行者尚有其他工程师及专家十余人。

JACAR:C13050249200、工程師年會之顧問葉毓等返諭　華文放送　昭和 17 年 8 月 20 日(防衛省防衛研究所)

27

37　各工程师参观陕省建设

1942年8月20日

(西安二十日电)

　　此次参加兰州年会的各工程师于年会闭幕后,分批来陕,委视陕省建设。首批七十余人,已于十八日晚抵此,二批六十余人,于十九日下午七时相率抵此,西官党政军各界已商定招待日程,准备盛大欢迎。

JACAR:C13050249300、各工程師参観陝省建設　華文放送　昭和17年8月20日(防衛省防衛研究所)

38　兰州小景

1942年9月5日

　　数日前,四十年来不曾有的大雨降临,多处房屋被毁坏。谷主席、蔡市长亲自在阵前进行救济。兰州物价非常低:白面百斤百八十元,猪肉一斤七元,芋等如小水瓜大小。牛奶一磅每个月九十元,黄油一磅三十元,十数斤的西瓜一个五六元。重庆来的人可能会被这便宜的价格吓到,但兰州人却好像并不觉得便宜。

　　在兰州有代替"茶馆"的地方,叫作"瓜馆",是吃西瓜、哈密瓜、酸瓜等瓜类水果的地方。市内到处林立着瓜馆,一到晚上尤为热闹,而吃茶点则寂寞萧条。

　　在兰州有不少新疆人的店,他们主要贩卖俄国毛织物、陶器、烟草,新疆的葡萄干、哈密瓜干等商品,操着口齿不清的汉语活跃在店里。

JACAR:C13050142400、蘭州小景　大光報　昭和17年9月5日（防衛省防衛研究所）

39　蒋·西北视察①

1942年9月18日

赤北通道的建设以及西北建设是否成功,将是决定抗战命运的重要问题,因此重庆方面努力地进行了工作。从最近重庆发往当地的情报来看,蒋介石将于本月初,飞往陕西省西安,在当地召开第一、第二、第八战区的首脑会议,会议的内容根据重庆军事消息来看:

一、对共产党以及与共产军的关系;

二、回教军阀为首的地方杂军改编统合问题;

三、西北中央化工作和相关联军队的配置动员计划。

蒋甚至去了甘肃省兰州,视察了西北开发进展状况。蒋在经过了一周时间的旅行后,回到了重庆。

JACAR:C13050250400、蒋·西北を视察　昭和17年9月18日（防衛省防衛研究所）

40　蒋介石西北视察讲话发表

1942年9月22日

（重庆九月二十一日发华文广播）

---

① 有关1942年夏天蒋介石的西北视察,参见:
沈茂鹏.控制与建设:1942年蒋介石甘肃之行[J].档案,2018(4):56-62.
潘晓霞.抗战主题下的建国努力:1942年蒋介石西北之行[J].兰州学刊,2016(7):78-87.

中枢在二十一日举行了扩大纪念周。在仪式结束后,蒋介石发表了西北视察时的感想,大加赞赏了最近数年间西北政治、经济、文化、社会各方面的迅速发展。尤其是甘肃、宁夏、青海各省政府可以很好地遵守中央的法令,推进政治基本工作,尤其是对户口调查、健全保甲制度、整理土地、植树造林、开拓道路等成绩做出了特别肯定。蒋介石指出我国的国家基础已经加固了,鼓励党政军继续向着自立自强而努力,这次讲话大约一个小时结束。

JACAR：C13050250500、蒋介石西北视察談発表　華文放送　昭和17年9月22日(防衛省防衛研究所)

41　蒋介石视察西北　决定兰州为第二陪都

1942年9月23日

(九月二十三日特别情报)

重庆政权蒋介石因缅甸陷落、云南告急,所以对重庆不抱有乐观态度,极为忧虑,而且基于重庆和印度的交通并不像西北那样便利,所以决定兰州为第二陪都。九月三日蒋介石突然带着宋美龄、何应钦等人从重庆飞到了西安,召集共产军的各个将领以及第一、第二、第八各战区司令长官至西安,召开了探讨各地的军事、兵力的会议,九月六日从西安出发飞往兰州,视察了西北各种建设以及军事防御状况,接见了各回教军团的将领,对各回教军长扩充装备做出了重要指示。在七日,又召见了甘肃省主席谷正伦,询问听取了公路建设的详细情况,十一日回到了重庆。可以看到,蒋介石急着将首都转移到兰州。

JACAR：C13050250600、蒋介石西北视察蘭州を第2陪都に〔决〕定　K情報　昭和17年9月23日(防衛省防衛研究所)

42　中秋节慰问军人

1942 年 9 月 25 日

(兰州二十四日)

时值中秋佳节,当地(兰州)各方募集慰问金两万三千六百元,赠予军队遗属及伤残军人。另外,各剧院于 24 日夜,举行了慰问军人以及死者家属的慰问演出。

JACAR:C13050105000、仲秋節の軍人慰問　華文放送　昭和 17 年 9 月 25 日(防衛省防衛研究所)

43　将西北作为建国的根据地　蒋介石的西北行

1942 年 9 月 25 日

(重庆九月二十四日大光报)

蒋介石十四日从西北回来,二十一日在中枢纪念周上做出了"要将西南作为抗战的根据地,西北作为建国的根据地,民国二十五年的西北行决定了抗战大计,这次西北行则决定了建国大计"的讲话,强调了西北建设的重要性。蒋介石八月初从重庆飞往兰州,在兰州逗留十一天,参观了四大展览会,在西宁逗留二天后,于二十八日飞往酒泉,三十日到达武威,九月一日飞往宁夏,三日到达西安,十四日返回重庆,随行者除了夫人外,还有陈布雷、吴忠信等人。

(以下略)

JACAR:C13050251000、西北を建国の根拠地に蒋介石の西北行　大光

31

報　昭和17年9月25日（防衛省防衛研究所）

44　沈农林部长西北视察

1942年9月27日

（兰州二十五日）

二十五日下午,农林部长沈鸿烈,在渔牧司司长程绍迥、专员马怀麟的陪同下,坐飞机来到兰州。根据沈部长所说,这次来兰,是为了视察甘肃、青海两省的畜牧、水利、农林,凡是交通方便的地方要全部视察一遍,大约两个月后返回重庆。

JACAR：C13050244600、沈農林部長西北視察　華文放送　昭和17年9月27日（防衛省防衛研究所）

45　新闻学会慰劳捐款

1942年9月28日

（兰州二十八日电）

中国新闻学会响应魏芳尔慰劳金捐款,此间民国日报、西北日报及中央社兰分社同人,已首先热烈资助第一批捐款,已汇出一千五百元。

JACAR：C13050109500、新聞学会慰劳捐款　華文放送　昭和17年9月28日（防衛省防衛研究所）

46　蒋命令甘肃政府植树保护森林

1942年9月28日

（重庆九月二十八日发英文广播）

　　蒋介石最近对甘肃省政府发出特别命令，要求植树造林、保护林地。省主席谷正伦接受此命令，要求以青海的成绩为甘肃的榜样。山林专家的意见是，青海对于西北各省来说，占有指导性的地位。青海省的六大管理事业，其中之一就是植树造林，这是回教徒们的省主席马步芳的整备计划。最近十年间，沿着青海省东北部黄河谷，植树九百万棵。马省主席指挥下的士兵、学生、工作人员、公共团体的会员，都必须进行荒地植树活动。农夫在农场的空地种下树苗，根据农场大小确定所应植树的数量，也由此确定究竟该上缴多少树苗。一九三九年以前，大约有三百万棵树苗是在当时青海的师团长马步芳的命令下由士兵们种植的，每个士兵要种十棵树，然后必须看着它们长大。青海省政府成立于一九三九年，马步芳当省主席的时候，这个运动扩展到了青海省东北各地。省会西宁被选择为植树运动的中心。士兵、学生、官员、公共团体会员都接到命令要参与这项运动。上至省主席，下至小学儿童，每年都被要求植树十五棵。他们有义务让树苗茁壮成长。一棵树死了就必须再在别处种下另一棵树。这样在三年中就种树六百万棵。降水量少的地区，农夫是必须有的，他们要给树浇水，所以这种情况下，这些农夫的其他杂役就被免除了。西宁附近有一座很高的光秃秃的山，如今已经覆盖着青青树木了。这全是因为当地农民有组织性地进行浇水。

　　青海的气候最近非常好。植树的结果，带来雨量、湿度的提升，相较以前有了显著的提升。虽然统计资料中并没有气候的变化，但是当地百姓认为气候是变了的。

　　JACAR：C13050244700、蒋甘肃政府に植林森林保護を厳命　成都英放昭和17年9月28日（防卫省防卫研究所）

47　甘肃省本年秋季运动大会

1942 年 10 月 12 日

(兰州十日电)

甘肃省本年秋季运动大会十日起相继举行。兰州区十日上午举行开幕典礼,由谷正伦亲自主持并致辞。本区本期定为三日。参加运动员共千余人,较去年人数增加□①倍以上,其中民众组最为踊跃。

JACAR:C13050096000、甘省本年秋季運動　華文放送　昭和 17 年 10 月 12 日(防衛省防衛研究所)

48　中国各省灾民流向西北②

1942 年 10 月 13 日

西北经济大发展,重庆当局为填补劳动力不足这个问题,从中国各省迁住民四百万至西北。第一步,首先迁之前受到大洪水侵害的湖南、安徽、河南三省灾民六十万至兰州、西安,让他们从事开垦的工作。

JACAR:C13050251300、中支罹災民西北へ　昭和 17 年 10 月 13 日(防衛省防衛研究所)

---

① 编者注:原档案缺字或无法辨认处以"□"代替。
② 该文是日本报纸的剪报,但该报纸名称不详。

49　甘肃省谷正伦主席出巡①

1942年10月17日

(兰州十七日电)

谷主席十六日偕同建设厅厅长张心一、田管处副处长潘锦元等,乘车出巡河西各县,十六日晚可抵永昌。谷氏此行视察范围极广,每至一县均将有一二日之勾留,河西走廊之开发整理,自委座巡视西北以后引起全国瞩目。各方预料谷氏此行有重大影响。

JACAR:C13050254700、甘肅省各主席出巡　華文放送(防衛省防衛研究所)

50　西北工业考察团入新疆

1942年10月20日

(兰州十九日电)

西北工业考察团自十二月三日离兰后,刻已适应河西走廊②,现据此间关系方面的消息,该团一行已经西行入新,唯一部分团员,因年关,车运业务待理不及,不折返,已离肃州东西,预计日内即可抵兰。

JACAR:C13050255400、西北工業攷察団入新疆　華文放送(防衛省防衛研究所)

---

① 档案标题原文为"甘肃省各主席出巡",整理时改为"甘肃省谷主席出巡"。
② 原文误记为"殷西走廊"。

51　甘肃省全省商会召开创立大会

1942年10月29日

(兰州二十六日)

甘肃省全省商会于二十六日在当地召开创立大会,各县镇之商会代表三十二人出席,会后又进行了连续六日的会议。

JACAR:C13050091700、甘肃省商会　華文放送　昭和17年10月29日(防衛省防衛研究所)

52　甘肃省谷正伦主席关于西北建设的讲话

1942年10月29日

(兰州二十八日)

张掖电,甘肃省谷主席在当地视察时,在二十三日对各地方机关、团体进行了如下的训话。张掖以前是河西富裕的地方,而现在却处于荒废状态,民众生活十分困苦。政府虽然已经制定了政治、经济、文化的建设计划,但考虑到今后应该发展教育、水利、林业,振兴畜牧,以繁荣农村。所以谷主席希望大家同心协力,每一个人都能够为了恢复汉唐时代的"金张掖"而努力奋斗。另外,谷主席对于已经归顺的哈萨克同胞说道:"你们作为国民的一分子,要服从政府的命令,为国家尽忠尽义。"讲话后,为了救济生活困难的哈萨克同胞,政府给他们每人支付五元的救济金。

JACAR:C13050252800、西北の建設に関し谷甘粛省主席の訓話　華文放送　昭和17年10月29日(防衛省防衛研究所)

53　甘肃省粮食市场稳定

1942年11月2日

（渝二日电）

粮食部息，甘省粮价颇为稳定，兰州市①小茅每市石售价一百五十五元，头等面粉每袋四十斤仍售六十元，次号粉递减，近来百货上涨，独粮食市场保持稳定云。

JACAR：C13050245600、甘肃省粮食市場稳定　華文放送　昭和17年11月2日（防衛省防衛研究所）

54　杜月笙到达西北

1942年11月4日

（成都十一月三日发中文广播）

杜月笙一行连日在成都拜访朋友，视察经济设施进展的状况，三日早晨坐上特别列车去陕西、甘肃进行视察。

JACAR：C13050253100、杜月笙西北へ　華文放送　昭和17年11月4日（防衛省防衛研究所）

---

① 原文及JACAR的"内容"部分均为"曹州"。但是在电报的转写记录原文中使用了"兰"这个字的电码5695，毫无疑问这里是指"兰州"。

55　谷主席河西视察

1942年11月9日

(兰州七日)

甘肃省主席谷正伦在建设厅厅长张心一、田管处副处长温锡元的陪同下,对河西各地进行了视察,在七日返回了兰州。

JACAR:C13050253300、谷主席河西视察　華文放送　昭和17年11月9日(防衛省防衛研究所)

56　工业视察团进入甘肃

1942年11月9日

(兰州七日)

工业考察团一行结束陕西、宁夏两省的视察,于七日到达兰州。该团的西北视察是实施工程师学会所提议的"西北再建案"的第一步。该团长如下告诉记者:不去西北,不知西北的伟大,本团将从经济角度向各民同行业者介绍西北,帮助大家在西北活动。

JACAR:C13050253400、工業視察団甘肅入り　華文放送　昭和17年11月9日(防衛省防衛研究所)

57　杜月笙到达西安

1942 年 11 月 13 日

(中央社西安十一日发)

中国通商银行董事长杜月笙,这次视察西北之行也是顺便为了准备开设陕西、甘肃分行,因此上个月他和几位朋友在十一日上午七点半到达西安。杜月笙在当地逗留一段时间后计划再去兰州,根据他的说法,此行是为了开设兰州、西安两地的中国通商银行的分行。

JACAR:C13050258000、杜月笙西安に到着　前線日報　昭和 17 年 11 月 13 日(防衛省防衛研究所)

58　工业考察团归来

1942 年 11 月 25 日

(西宁二十四日电)

工业考察团二十二日由海上考察归来,今晨分批离青,直返兰州,一转赴窑街考察。

JACAR:C13050255200、工業考察團歸來　華文放送(防衛省防衛研究所)

59　青海初步工作完成

1942年12月1日

（兰州东电）

据近，由青返兰之黄委会上游工程处人员谈，青省水利初步查勘工作业经完成。湟水两岸原为历邀上之屯垦区域，旧渠虽没而遗迹可寻，目前决定之发展兴修计划，计有曹家和平镇、杨家渠、丞渠，约可灌田十余万亩。经费将由中央水利委会协助。

JACAR：C13050245800、青海初步工作完成　華文放送（防衛省防衛研究所）

60　兰市劳军运动（一）

1942年12月15日

（兰州十五日电）

全甘各地，刻正热烈展开文劳运动，预定捐款目标为四十万元。兰州市及各县文劳委会均已在各级党部领导下先后成立，此间各团体之自动响应者亦有多起。

JACAR：C13050116400、蘭州文労運動　華文放送　昭和17年12月15日（防衛省防衛研究所）

61　兰市劳军运动（二）

1942年12月29日

（兰州二十九日电）

兰市元旦扩大劳军运动，业经各省关商定办法，计在营军人每连发慰劳金三百九十元，抗属每户发七十元，荣誉军人每名发一百二十元，并规定届由各妇女团体办理慰劳事宜。

JACAR：C13050110800、蘭市劳軍運動　華文放送（防衛省防衛研究所）

62　社教工作队到达兰州

1943年1月29日

（兰州二十八日）

教育部西北社教工作队一行三十人，二十七日自陕西省到达兰州。同队分为剧、音乐、电影、绘画四部，本部今后常驻兰州，二支队在敦煌、西宁等各地巡回。

JACAR：C13032335700、支那-参考资料-124（防衛省防衛研究所）

63　兰州市建设计划大纲

1943年3月26日

[民国]三十年(1941年)秋市制实施以来,市当局向市政的发展迈进,最近市政设计委员会通过了如下的建设计划大纲。

（一）文化教育方面

1.市立中学需于今秋开校。

2.编修市志。

3.将西、南两城楼改建为博物馆。

4.扩充社会业务。

5.修建精神堡垒及忠烈祠。

（二）工商业方面

1.设立市银行。

2.再核查地价。

3.组织兴业局发展生产事业。

4.将城隍庙改建为国货市场。

（三）物质建设方面

1.完成修建市区干道十二公里,农村道路二十二公里。

2.郊外设置三个新村,解决住宅问题。

3.完成给水工程。

4.开设中山、中正两公园。

5.设置公共墓地。

6.造林十四万株。

JACAR:C13050071400、蘭州市建設計画大綱　中央掃蕩　昭和18年3月26日(防衛省防衛研究所)

64　甘肃省民政厅长视察地方

1943 年 8 月 4 日

（兰州三日发）

甘肃省民政厅厅长王漱芳最近前往视察陇南洮河流域，尤其把视察民生疾苦以及提倡施行户籍作为重点。

JACAR:C13050071600、甘肅省民廳長地方巡視　華文放送　昭和 18 年 8 月 4 日（防衛省防衛研究所）

第二章

文化·教育

65 甘肃省法政学堂设立一事①

1908年12月17日

(十二月五日政治官报)

陕甘总督升允奏请于去年在兰州设立法政学堂(设置法律政治科),而且开设绅班(定额五十名,各县选送一名,学习宪法、选举法、户籍法、警察法、教育、行政、地方制度,学满一年毕业),该奏折转交学部。

甘肃省调查局设立一事(十二月六日政治官报)

陕甘总督升允上奏,基于宪政编查馆的训令,已经于六月十三日(清历)开设调查局,任命署理布政使陈灿为总办,计划进行宪政的准备,该奏折交于该衙门。

JACAR:B03050602900(7)、5 第五号(明治四十一年十二月十七日)
北京情报 (普通ノ部)(外務省外交史料館)

---

① 甘肃省法政学堂于1949年更名为兰州大学。参见陆润林主编.兰州大学校史:1909—1989[M].兰州:兰州大学出版社,1990:1-3.

<<< 第二章 文化·教育

66　关于中国的报纸相关调查（大正五年末至现在）

1916年12月31日

（大正六年六月印刷　秘　中国的报纸相关调查，外务省政务局，59页）

兰州①

　　名称:通俗日报(汉文);主义:官僚系;所有者:甘肃省教育科;主笔:王天柱,李锕;备考:民国三年六月六日创刊,日刊;发行量两千五百册。在巡按使署教育科,为了普及教育而发行的言文一致的报纸,有时会讨论政事,报道抗日消息等。

　　名称:政报;所有者:甘肃省官宪;主笔:吴朝越;备考:民国二年十一月八日创刊,日刊;作为甘肃省的官报,在省长公署教育科进行编辑。

　　名称:陇报(汉文);所有者:甘肃省官宪;主笔:周定轩;备考:民国五年十二月十日创刊,日刊;省官宪的机关报,在政务科和教育科编辑。

　　JACAR:A04017266000(38)、単行書·支那二於ケル新聞紙二関スル調査(大正五年末現在)(国立公文書館)

---

① 档案原文中将全国的报纸以表格的形式呈现。这里只摘录翻译了兰州的部分。

67　报纸上有关甘肃事件的记事,相关翻译报告文件

1931年5月25日

币原外务大臣(收)

坂根总领事(寄)

第 378 号　重庆发给本官电报

第 62 号　成都发给大臣电报

第 16 号　刘文辉昨天二十四日来了　转发给外务大臣、代理公使

公第 497 号　昭和六年六月九日

在中华民国日本公使馆　大使馆参事官矢野(寄)

外务大臣男爵　币原喜重郎殿(收)

　　报纸上有关甘肃事件的记事,相关翻译报告文件
　　上个月二十五日《大公报》所登的《最近的甘肃》一文,记录了甘肃省的军事、政治、交通等大致情况。如果要了解甘肃的状况,那么这篇报道很值得参考。现在将它翻译好,以附件的形式进行报告。
　　本信收件地址　代理公使　香港　在俄大使　在华各总领事、领事
　　最近的甘肃《大公报》一九三一年五月二十五日所收

　　JACAR:B02031816700、12　昭和6年6月9日から昭和6年8月6日(外務省外交史料館)

<<< 第二章 文化·教育

68 迁移成吉思汗陵墓①

1939年7月14日

有田外务大臣(收)　田尻总领事(寄)

第935号XYZ

(中略)

(二)成吉思汗的棺材移至兰州附近榆中县内的兴隆山,举行了盛大的祭典。

JACAR:B02030602900(2-3)、5　南支(外务省外交史料馆)

69 《蒙古喇嘛教史》刊行

1940年7月9日

字据

《蒙古喇嘛教史》②

为了普及好书,可以让敝社进行本书的发行,实在荣幸,现将初版七十部相赠。上文作用是以防万一。

昭和十五年七月六日　东京市神田区锻冶町三之六锅町大楼

株式会社生活社　社长　铁村大二

---

① 有关抗日战争时期成吉思汗陵的转移,请参照:乌云格日勒.试析成吉思汗祭奠的历史变迁[J].兰州学刊,2006(3):42-45.

② 本书的书籍信息如下所示。桥本光宝编.蒙古喇嘛教史(藏文)[M].东京:蒙藏典籍刊行会,1940.在本书出版后的第二年即1941年,外务省调查部翻译的日语增补改订版也由生活社出版。ジクメ·ナムカ著.再版蒙古喇嘛教史[M].外务省调查部译,增订,东京:生活社,1941.

外务省调查部收

昭和十五年七月九日
三浦调查部第三课长
蒙古喇嘛教史刊行
　　蒙古喇嘛教的问题不单单是宗教问题，应该将它放到对蒙政策上进行考虑。但是一直以来缺乏权威的论著，甘肃"拉卜楞"寺的喇嘛"ジクメ・ナムカ"所著的藏文《蒙古喇嘛教史》这类书是非常有用的，这次让本课员进行了全文翻译。本书翻译之前在省内就进行了印刷，经过认定，这本书可以作为研究喇嘛教问题的参考，而且应该在书店发行。正如备忘录中所说的，用七十部书抵印刷税，并以此为条件，希望可以让书店生活社进行本书的发行。
　　如上，望同意。

　　JACAR：B04012546700、各国ニ於ケル宗教及布教関係雑件　第四巻14.蒙古（外務省外交史料館）

70　成吉思汗大典

1942年6月18日

（兰州十七日）
　　今年旧历五月十五日（新历六月二十八日）是成吉思汗陵墓的祭典，中央决定特派蒙藏委员会副委员长赵丕廉主持祭典，赵已经在十六日乘飞机来到兰州，今年的祭典非常隆重，蒙古各旗应该都会派代表参加。

　　JACAR：C13050190000、ジンギスカン大祭　放送　昭和17年6月18日（防衛省防衛研究所）

71　于兰州设立医科大学①

1942年7月10日

(兰州九日)

一、西北区各学校联合学生募集委员会兰州分会,共二百余名志愿者参加了九日开始的考试。

二、教育部为推行西北各地方的公医制度,开始准备在下学期于兰州设立医科大学。

JACAR:C13050166200、蘭州に医科大学設置　放送　昭和17年7月10日(防衛省防衛研究所)

72　工程师学会会员参拜成吉思汗陵

1942年8月9日

(兰州八日)

出席工程师学会的三百名外来会员,在曾毓琇的率领下参拜了成吉思汗的陵墓,顺路游览了风光明媚的兴抬山②。会员为了报答兰州市政府的招待,各植树苗一棵。

JACAR:C13050248100、工程師学会会員ジンギスカン陵参拜　華文放送　昭和17年8月9日(防衛省防衛研究所)

---

① 今兰州大学医学院前身,即国立西北医学专科学校。请参照:陆润林主编.兰州大学校史[M].兰州:兰州大学出版社,1990:46-47.
② 原文为兴抬山,据查证,应为兴隆山。

73　甘肃省四大展览会

1942年8月25日

(兰州二十四日)

甘肃省的物产、建设、工业、文物四大展览会自八月一日开幕以来,经过了三周的时间,于二十三日闭幕,参观者达十一万人以上,这是非常有意义的展览会,省政府在附近设立了博物馆,保存这些陈列品以供长期展览。

JACAR:C13050250000、甘肅省の4大展覽会　華文放送　昭和17年8月25日(防衛省防衛研究所)

74　中国回教和世界回教(白崇禧)

1942年9月30日

隋朝时期的回教,是沿着海路传到福建、广东两省的。唐朝时期的回教是从西北传到陕西、甘肃的。元朝时期有很多有名的回教人物,比如王赛典、丁伯颜、王散纲等。到了明朝时期,很多回教徒都立下了功绩,比如常遇春、胡大海、沐英、郑和等人,他们或是定国于内,或是耀国威于外;明朝灭亡后,丁国栋、米喇印①等人在凉州开始了第一次回教徒抗清,这表明回教徒更忠诚于明朝。这之后,清政府对回教徒采取高压政策,想要离间汉回两民族的感情,所以回教逐渐式微。我们国家的回教徒有数千万人,为了让华北、天津、北平陷落后,回教徒可以积极参加抗战,我们在民国二十七年于武汉成立了中国回教救国协会。回教协会在各省、各县都有分会,以各地的清真寺(回教寺)为最小单位,让教长遵从协会的指示来组织训练教徒。回教救

---

① 原文误记为"丁朝栋""米喇"。

国协会的主要工作是：

1.改善教育。改正"读汉文书有悖教义"的谬误。

2.改正"只为宗教而战，不为国家而战"的误解。

3.宗教、政治、信仰这三者是一致的，宗教的利益和国家的利益是一致的。

4.宗教仪式和党的仪式要同样重视。

5.各派要融合。

6.访问近东、南洋等各回教国，为国民外交而努力。

JACAR:C13050192500、中国回教と世界回教　大光報　昭和17年9月30日（防衛省防衛研究所）

75　文化电影"新兰州"

1942年10月21日

（兰州十月十九日发中文广播）

抗战五年来的西北近况，近期要出电影和照片在全国公映了，几个月前就有很多艺术家陆续进入西北进行创作了。中央摄影场的摄影师赵克竣先生完成了"新兰州"的摄影，赵先生在甘肃南部地区旅行时，对沿路的开发状况，尤其是对甘肃省的特产羊毛和药材的生产过程进行了拍摄。写生画家赵望云、沈逸千两位也来到了兰州，通过自己的画笔，向大众介绍了河西、青海各地的民俗风情。沈先生这次来是为了制作海外展览的作品，赵先生则是受到某书店的委托进行《西北画集》材料的收集。在敦煌创作近半年时间的著名画家张大千，以及从敦煌回到兰州的教育部艺文考察团等人，为了传播东方艺术也在努力着，我们期待着他们为各个领域做出的贡献。

JACAR:C13050192600、文化映画"新蘭州"　華文放送　昭和17年10月21日（防衛省防衛研究所）

第三章

产业·经济

76　甘肃旱情

1908 年 7 月 31 日

（七月六日　中外日报）

　　兰州通信说，兰州已经好几个月不下雨了，黄河水全干了，水车也不转了，不能灌溉田地了，因此各地都不能再种庄稼了，秋收时节必定会让人失望。乡民们痛恨政府面对旱情不作为的情况，各地电线杆被偷的情况不少。官厅出兵杜绝此事。

　　JACAR：B02130206100（13）、清国時報　第四十二号/第二　政治（外務省外交史料館）

77　甘肃银行纸币发行一事[①]

1923 年 4 月 18 日

公信第 136 号　后缀名在附件中

[①] 有关 1923 年甘肃银行（旧甘肃银行）发行的纸币，请参照：于廷明.旧甘肃银行及纸币发行考[J].甘肃金融，2019（1）：56-59.

大正十二年四月十八日　大正十二年五月十七日记录系收
在汉口　总领事　林久治郎（寄）
外务大臣伯爵　内田康哉殿（收）

甘肃银行纸币发行一事
有关本事件，另有附件三个调查书和相关资料以供参考。

大正十二年四月十八日附
在汉口　林总领事报告

甘肃银行开业，计划整理省财政
新发行洋银票有一元、五元、十元三种

　　甘肃省金融界一直有积病，蔚丰商业银行破产后，官银钱号所发行的纸币不能被兑换，经济明显陷入困境，汇款交易之类的工作，几乎处于中止的状态。一般的商人陷入只能袖手旁观的地步，省内有力官民都对这些感到遗憾，对其善后方法也感到焦虑。最近在陈财政厅厅长的主张下，新开设了甘肃银行，四月一日开始逐渐步入开业的正轨。财政厅也派人去了北京，就开设新银行一事寻求农商部的理解和支持，前几天就办好了开设银行的手续，而且获得了百万元纸币的发行权，可以发行一元、五元、十元三种纸币。而且作为以上纸币的兑换准备，已经由宁夏镇守使，外送二十七万两，剩下的钱则由秦州、平凉、河州等各有力者和省财政厅分担出资，总共计划要有七十万两（约百万元）。要用这些钱回收官银钱号不兑换的纸币约五十万两，进而对省金融界从根源上进行整理。即使这样，最近官银钱号发行的纸币（一两、五两、十两三种），在去年的时候市值略微下降，约为面值的百分之二十，近期才有上涨的趋势。眼下大约是按照百分之四十的价格进行买卖的。一般的有力实业者，靠着这一点在逐渐地恢复活力。

　　（以下略）

近代档案中的甘肃(1883—1944) >>>

JACAR:B10074228600、7 甘肃银行(外務省外交史料館)

78 关于西北畜牧学校建立计划

1937年7月9日

普通第540号 昭和十二年七月九日
于汉口 代理总领事 松平忠久(寄)
外务大臣 广田弘毅殿(收)

关于西北畜牧学校建立计划

  据七月一日《西京日报》文章,中央党部组织部边区党务科科长李永新,自本年五月十三日从南京出发以来,经北平前往甘宁青诸省视察,六月三十日视察完毕,乘欧亚公司飞机自兰州飞到西安,同版记者有报道如下:
  中央鉴于边区各省历年住民及家畜死亡率很高的情况,为了制定针对这种情况的根本对策,同时谋划发展畜牧业。他受上述命令,视察西北各省,依据视察结果,打算在西康、甘肃、宁夏诸省的重要地区设立畜牧学校。他计划在宁夏阿拉善、西康巴安、青海西宁及甘肃拉卜楞等地,各设立一座畜牧学校,学校分为卫生、畜牧两班,设置卫生试验所及消费合作社,卫生班主要负责住民疾病的治疗及研究预防,畜牧班主要负责家畜疾病及畜牧专门知识的研究,卫生试验所应为学生提供实习场所。
  本次与宁夏的马主席、甘肃的贺代理主席进行了会面,并向两主席告知中央的计划,两主席均表示赞成,并希望尽快实行。另外,青海代理主席马步芳也表示赞成并希望在西宁开设,甘肃拉卜楞保安司令黄正清①也希望在本地开设。但以他自己的视察结果来看,西宁的卫生事业现已有很多机关,而拉卜楞却毫无机关。因此,第三个学校的设置地点,拉卜楞比西宁更为紧

---

 ① 原文误记为"黄清则"。

要。总之,本次他自己回京复命,等待中央决定。学校的建设费用,应从庚款教育部边疆教育费的项目下支出。

上述为供参考特此报告

本信复写件送至:

在中大使、北平、天津、青岛、济南、上海、(南京)、福州、广东、厦门、郑州、张家口

JACAR:B05016174700、37.西北牧畜学建立計画ノ件　昭和十二年七月(外務省外交史料館)

79　中国工业合作社驻兰州[①]

1939年4月28日

中国工业合作社驻兰州中国工业合作社西北区干事卢广绵先生,于最近来到兰州。他一向很忙,致力于联络、研究及设计各方面的工作。星期三那天他偕同将任兰州办事处的某主任一齐动身。现在卢先生正在工人团体、学校、扶轮会以及其他地方说一说中国工业合作社的情形。

兰州是西北具有历史的城市,高居于黄河流域,海拔五千尺,俯视中国其他地方,虽然它的工业没有什么可以称述的,却是一个重要的商业中心。由一八六八年至一八八〇年,当左宗棠任总督时,他在兰州的工作很有建树,如中国第一个新式羊毛厂的设立,装置的是比国机械,聘请的是德国工程师,同时他又倡导种植,应用新式的灌溉方法,并且改进许多别的事业。但是他所创立的工厂一向搁置未用。

---

① 中国工业合作社及中国工业合作协会是由埃德加·斯诺于1938年在武汉成立的工业企业合作组织。请参照:张宪文,方庆秋,黄美真主编.中华民国史大辞典[M].南京:江苏古籍出版社,2002:316."中国工业合作协会"条。

（以下略）

JACAR：C13050253600、中国工业合作社在兰州　星岛日报　昭和14年4月28日（防衛省防衛研究所）

80　改进西北畜牧

1941年1月13日

（兰州十一日中央社电）

农林部在兰设立西北羊毛改进处。据处长顾谦吉说谈：该处专司改进西北畜牧，每年经费暂定一百万元，并在察青筹设分处，及招考推广人员受训。

JACAR：C13050245100、改進西北畜牧　大公報　昭和16年1月13日（防衛省防衛研究所）

81　湘桂闽浙赣甘等省降雨对农业有利

1942年5月7日

（渝七日电）

据中央气象局报告，前日各地普降甘霖。六日，湘桂闽浙赣甘等省均同时降雨，雨量多达六十余公厘，少者亦二三公厘，乃全春以来之最可庆幸者。计湖南长沙十六公厘，郴县二十八公厘；广西梧州三十公厘，龙州二十公厘；福建长汀五公厘，南平五十公厘；浙江温州二公厘；江西吉安六十八公厘，泰和八公厘；甘肃岷县二十公厘，并悉右地雨势均和缓。于农产物尤为有斯。

JACAR:C13050137400、湘桂閩浙贛甘等省淂雨農産有利　華文放送　昭和17年5月7日（防衛省防衛研究所）

82　兰州丰收可人

1942年5月18日

（兰州十八日电）

此间连回阴雨日,皆共获雨量九、六分厘,此次降雨范围甚广,本年丰收定可预卜,兰州丰收可人。

JACAR:C13050137300、蘭州豊収可人　華文放送　昭和17年5月18日（防衛省防衛研究所）

83　甘肃省的水利建设[①]

1942年5月27日

（兰州二十七日）

先前开凿的洮惠渠是甘肃省境内采用新式开凿法开凿的第二条水渠。紧接着溥济渠竣工,于二十八日举行了通水仪式。同渠也在临洮县,参加仪式的谷正伦省主席、四行分处代表崔叔仙及各界代表三十余名前往临洮。

JACAR:C13050244100、甘肅省の水利建設　華文放送　昭和17年5月

[①] 有关甘肃水利,请参照:祝元梅.抗日战争时期甘肃农田水利建设述论[J].新西部(下旬刊),2011(4):36,24.
山本真.西北地区における戰時農業建設——甘粛省での水利灌漑事業と土地政策を中心に[M].//石島紀之,久保亨編.重慶国民政府史の研究.東京:東京大学出版会,2002:257-275.

57

27日(防衛省防衛研究所)

84　兰州溥济渠通水　边疆之地化为沃野

1942年5月30日

(兰州二十九日)

临洮电话:溥济渠于二十八日正式举行通水仪式。溥济渠的水源在离临洮三十四公里的尚寅坪,谷省主席以及来宾,参加了二十八日上午的通水仪式。谷主席在席上,详细说明了中央对西北水利问题的计划,最近湟惠、溥济两渠同时通水也是这个计划的一部分,这一席话让在场的人都很感激。下午两点,在甘肃水利林牧公司总经理沈同怡的陪同下,来宾骑着马做了重要工程的视察,晚上返回了临洮。

溥济渠是二十七年十二月开始测量设计,二十八年十二月动工,三十一年四月竣工,算上水路有三十四里,分湟惠、溥济两渠①,灌溉面积达三万三千亩,工程费用总计三十八万元。可使农产品每年增加八十余万元,地价增加二百数十万元。

(以下略)

JACAR:C13050244200、蘭州の溥济渠通水　華文放送　昭和17年5月30日(防衛省防衛研究所)

---

① 有关湟惠、溥济两水渠,请参照:祝元梅.抗日战争时期甘肃农田水利建设述论[J].新西部,2011(4):36.

85 西北开发的水利和铁路

1942 年 8 月 3 日

(兰州一日)

翁文灏①今日会见了记者,对兰州工程师学会年度大会做了如下讲话:西北土地肥沃、矿产丰富,现在最缺乏的就是人力。工程学会的举办不仅是西北,更是全国的福音。西北开发的先决问题是水利和铁路的建设,要利用西北的广大土地,就要先解决运输的问题。这一点希望能引起工程师学会的注意和研究。

JACAR:C13050247300、西北の開発には水利と鉄路　華文放送　昭和17 年 8 月 3 日(防衛省防衛研究所)

86 甘肃省水利开发十年计划

1942 年 8 月 12 日

(兰州一日)

一日召开的行政院会议讨论了每年拨款一千万元,修筑从甘肃省河西、永登至敦煌十七县水利工程的十年计划提案,当此消息传到当地时,六百万当地百姓都非常感激。因为这个提案是行政院长蒋介石提出的,所以百姓对最高领袖如此关心西北的真情,报以最高的谢意。河西走廊从汉唐开始就是欧亚交通的重要路线,尤其是有被称为"金张掖、银武威"的边疆宝库。可惜百余年来未好好经营,道路荒废、树木被砍伐,逐渐荒芜(电文不明)。

---

① 有关翁文灏,请参照:张宪文,方庆秋,黄美真主编.中华民国史大辞典[M].南京:江苏古籍出版社,2002:1517.

河西的水利,因为环境和经费的原因,一直以来只有酒泉的肃丰渠。同公司的资本总额也不过一千万元。不过这一次,中央计划十年拨款大量资金,一定会做出大业绩来。同公司的第三调查队在河西十三县要进行第一期调查测量,八日就已经出发了,这次的调查尤其重视对祁连山天然水的利用。祁连山的雪在三月融化,可以用作田地灌溉,河西的农民一直以来都像埃及农民为尼罗河的泛滥而困扰那样,对祁连山的融雪束手无策。肃丰渠工程筹备处工作人员一行二十九人在当天出发,在酒泉的工程现场,为鸳鸯池肃丰渠的正式开工做着准备。准备工作的领头人是地质调查、测量水量的水利专家——中央大学水利科主任。这个渠竣工后,可以为西北建设做出大贡献。

JACAR:C13050244300、甘肃省水利開発10ケ年計画　華文放送　昭和17年8月12日(防衛省防衛研究所)

87　西北十年万井计划研究会

1942年9月8日

(重庆七日)

于右任院长在去年视察西北地区的时候所提倡的"十年万井计划",上个月在兰州正式开始。工程师学会提出此计划,在同会进行讨论后,认为这个计划会给西北的水利带来很大成效,故命工程师学会组织"十年万井计划研究会"。同研究会将和西北农学院共同实验、研究,决定实施方法,同时任命沙玉清①、刘梦锡为准备委员。

JACAR:C13050244400、西北10年万井計画研究会　華文日報　昭和17年9月8日(防衛省防衛研究所)

---

① 原文误记为"沙王清"。

88　甘肃省灌溉十年计划

1942年9月10日

（重庆来电）

行政院投资一亿元，支持中国西北部甘肃省走廊的十年计划灌溉方案，最近重点在全西北各省展开，已经收到了很大的成效。其原因就是作为西北部民众生活必需品的农产品不断增产，使之成为中国主要谷物产出地之一。甘肃省走廊在黄河西方狭窄的地区，是马可·波罗所说的有名的"丝绸之路"，约二十五万四千平方千米。到甘肃、新疆境内，黄河长十二千米，青海、宁夏两省之间最窄的地区有五十千米。甘肃走廊有年产二百万担的耕地七百五十亩。国民政府新的十年计划，就是要对丰饶的甘肃走廊的灌溉设施进行大改良。希望甘肃丰富的石油石炭等矿物资源，以及丰富的畜牧业，尤其是羊，可以在战略上具有重要地位，为当地百姓带来财富。

JACAR：C13050244500、甘肃省灌溉10ケ年計画　成都英放　昭和17年9月10日（防衛省防衛研究所）

89　甘肃水利

1942年9月11日

（兰州九日电）

政论一日例会通过"甘肃河西永登至敦煌十七县水利工程，以十年为限每年拨一千万元修建一案"之消息传至此间后，已予甘肃六百万民众以极度兴奋。尤以此案出自蒋兼院长之度议，各方对最高领袖关怀西北宏谋硕画之至意，更莫不一致衷心感戴。按河西走廊原为汉唐欧亚交通之孔道，"金张掖、银武威"尤为塞上江南、西北仓库。唯余年来先人经营之成崎峭,停道阻毁,林木被戕,久使塞上江南间河西水利道以环境及财力之未许,迄仅完成肃丰沟(在酒泉)之设计。盖该公司资本总额亦仅一千万元,如今既经中央拨发巨款,且复予以十年之充分时间,则事已大有可为。刻悉该公司第三查勘队已于八日出发,渠等将遍历河四十五县作初步之勘测工作。尤其侧重祁连山天然雪水之广泛利用问题。盖祁连山之积雪,阳春三月融化之流灌溉田亩。河西农民向以埃及农民之视尼罗河泛滥视之也。闻与该队同时出发者,尚有肃丰渠工程筹备处一行,员工二十九人。渠等将驰赴酒泉渠工所在地之鸳鸯池,从事肃丰渠正式施工之准备工作。包括地质之勘查及水利之测量等。主其事者为前中央大学水利专家,任中央大学水利系主达七年之久。此次抛□□□□□□工作各□,预料渠对西北水利建设而将有一番重大贡献云。

JACAR:C13050245300、甘肅水利　華文放送　昭和17年9月11日(防衛省防衛研究所)

90　甘肃省建设三年计划

1942年9月13日

(兰州十二日)

谷主席在十一日甘肃省临时参议会大会上,对已经实施了八个月的甘肃省建设三年计划,做了第二次公开说明,一时间口若悬河。主席说,"推动三民主义新甘肃建设一事,是总裁①给我们的责任",履行这个职责就是要让全部计划和实施的顺序都定下来,前者由三年计划所规定,后者则要由最近省行政会议所通过的施政纲领所决定。有关这个计划的主要内容,谷主席已经做出了如下发言:以抗建纲领为原则,地方事情应立即做出计划。现在

---

① 此处指蒋介石。

<<< 第三章　产业·经济

六百万人口已经增加到了一千万,有人、有地,这就确立了国防的基础。我们计划要普及国语,改良婚姻,使同胞一体化。基于信教自由将其引导至国家至上的观念。政治情况方面,新县制的完成,重点经济方面,完成了〇〇〇①铁路建设。根据总裁的命令,对县长成绩考查标准的一个指标,就是本省特产的药剂(中略)、水沟的修建、植树造林。教育方面眼下急需培养必要的人才,扩大教育的普及程度。

JACAR:C13050250300、甘肅建設3年計画　華文放送　昭和17年9月13日(防衛省防衛研究所)

91　西北金融网强化②

1942年9月13日

(重庆九月十二日发中文广播)

抗战以来,四联总处为了响应军事交通的需要,以及帮助后方的经济发展,展开了粤地金融网设置计划,在西南地区大体上完成了预定计划。但是最近西南国际道路被阻,西北的对外交通路线愈发重要。因此,西北地区所富含的国防资源受到了特别期待。为了适应政府的政策,尽快完成西北金融网的建设,四联向陕西、甘肃、宁夏、青海、新疆五省派遣了工作人员,调查分行的设立地点,为了尽量节约资金,支行所用人员都是从战区撤退来的职员。

JACAR:C13050258400、西北金融網強化　華文放送　昭和17年9月13日(防衛省防衛研究所)

---

① 原文如此。
② 有关抗战时期的西北金融、银行之情况,请参照:刘志英,张朝晖.全面抗战时期大后方地方银行研究[M].北京:科学出版社,2019.

92　雍兴公司①的西北开发

1942年10月26日

(西安二十八日)

根据咸阳电,中国银行为了西北开发所建立的雍兴公司,自创立以来两年时间,已经在陕西、甘肃两省经营纺织、酒精、火柴、制药、机械印刷等数十个工场。该公司在民国二十九年创立之初,资本只有一千万元,现在增加到了两千万元。中国银行的西北工业贷付金达到了三亿五千万元以上,其中有十分之九都是该公司的。纺织方面有棉纺织厂两个,织工厂一个,一千二百锤已经开始工作了,还在建设中的有一千五百锤,其中一部分已经从仰光(译者注:缅甸首都)转移到了西北。毛纺厂电力和工具的不足导致其并不能充分发挥工作效率,但是纺织机的修理制造是可以的。新设其他制革、制药、火柴等工场,或者和以往的工场进行合作,期待它们可以在短时间内充分发展。该公司的主办人李云章先生,是一个很有气魄的实业家。

JACAR:C13050252700、雍興公司の西北開発　華文放送　昭和17年10月26日(防衛省防衛研究所)

93　西北开发十年计划案起草结束

1942年11月5日

(成都十一月五日发英文广播)

---

① 雍兴公司,又称雍兴实业股份有限公司,是在抗日战争时期对西北地区的工业生产进行援助的官方企业。有关雍兴公司,请参照:杨尚华.试论抗战时期雍兴公司在西北地区的发展[J].云南社会主义学院学报,2014(3):383-384.

据重庆方面来电,中国西北地区开发十年计划案的起草已经结束了,现在请求中央当局的认可。根据该计划案,除了定期预算以外,还希望在开始的两年,有三亿三千六百万元的拨款可以给农、工、矿、交通、运输、灌溉计划、教育、卫生。计划尤其强调了植树造林、家畜饲养,新疆、甘肃省的石油增产,水泥、纸、鞋的生产,供水建筑的施工,铁路、公路的延长建设,还主张西北地区对教育的奖励、医院的建设、医药品的制造。

JACAR:C13050253200、西北開発10ヶ年計画 成都英放 昭和17年11月5日(防衛省防衛研究所)

94　通商银行设立西北支行

1942年12月29日

(西安二十八日)

中国通商银行设立西北支行,王宝康被任命为西安支行、丁葆瑞被任命为兰州支行的经理。兰州支行明年元旦开业,西安支行则是在明年春天,和洛阳、宝鸡两个办事处共同开业。

JACAR:C13050258200、通商銀行西北に支店設置 華文放送 昭和17年12月29日(防衛省防衛研究所)

95　兰州烟类专卖办事处

1943年1月11日

(兰州十日)

兰州区烟类专卖局办事处,自十日成立后,即日起开始调查、登记事务。

以防止烟草商囤货居奇。

JACAR：C13050274100、蘭州菸類専売弁事処　華文放送　昭和18年1月11日（防衛省防衛研究所）

96　通商银行兰州支行开行

1943年1月12日

（兰州十一日）

经过长时间的准备,中国通商银行兰州支行在十一日开业。该银行董事长杜月笙任命骆清华为代表筹备开行一事。骆先生对记者说道："本银行的目的,是帮助国家政策顺利实施,以生产建设为目标,现在首先着手构建西北金融网,之后再逐步拓展边疆业务。"

JACAR：C13050258100、通商銀行蘭州支店開店　華文放送　昭和18年1月12日（防衛省防衛研究所）

97　兴文银行西安支行开业

1943年2月12日

（西安十一日）

云南省兴文银行西安支行在十天前开始办理业务。开业初,前来存钱的人就很多,情况非常好。本行的负责人李竞西先生说,今后的业务主要是以投资西北生产建设为中心,同时准备在宁夏、兰州、西宁等地开设支行。

JACAR：C13050258500、興文銀行西安支店開業　華文放送　昭和18年

2月12日(防衛省防衛研究所)

98　在广东、湖南、甘肃进行火柴专卖

1943年2月16日

(重庆十五日)国府命令(十五日)

《战时火柴专卖暂行条例》于民国三十二年三月一日起在广东、湖南、甘肃三省施行。

JACAR:C13050275200、広東・湖南・甘粛でマッチ専売　華文放送　昭和18年2月16日(防衛省防衛研究所)

99　向兰州派遣银行监理官

1943年4月22日

(兰州二十日发)

财政部派遣的驻兰州银行监理官南曷西先生二十日从重庆抵达兰州，这是全国金融机构管理强化的新举措。兰州现在共有公私银行十五家。

JACAR:C13050258700、蘭州に銀行監理官を派遣　華文放送　昭和18年4月22日(防衛省防衛研究所)

100　兰州的公债分配

1943 年 5 月 25 日

(兰州二十四日)

三十一年的同盟胜利公债①以及美金公债的本市分配额还尚未被消化，各种职业公会被强制分配，工商业同业公会六百四十九万元，银行公会六百二十万元，店头营业者五百万元，自由业者十万元，富豪绅士百万元，相信不久就能消化完。

JACAR:C13050271600、蘭州の公債割当　華文放送　昭和18年5月25日(防衛省防衛研究所)

101　财政部甘宁青烟类专卖局成立

1943 年 5 月 25 日

(兰州二十四日发)

财政部甘宁青烟类专卖局于本月二十四日在兰州正式成立，尹文敬②就任局长。

JACAR:C13050276500、財政部甘寧青菸類専売局成立　華文放送　昭和18年5月25日(防衛省防衛研究所)

---

① 有关同盟胜利公债，请参照：张宪文,方庆秋,黄美真主编.中华民国史大辞典[M].南京:江苏古籍出版社,2002:675.
② 原文误记为"尹叉"。

102　甘肃省银行创立四周年

1943 年 6 月 3 日

(兰州三十日)

甘肃省银行在本日举行创立四周年纪念仪式,该银行在二十八年由官钱局改组,当时的资本仅三百万元,四年间增长到八百万元,其中三百万元作为内政部的投资,支行也从二十家增长到了五十六家,平日的现金交易额达到一千万元。

JACAR:C13050259000、甘肃省银行創立4周年　華文放送　昭和18年6月3日(防衛省防衛研究所)

103　财政部禁止新设金融业

1943 年 7 月 15 日

(重庆十四日)

财政部因重庆、成都、内江、西安、兰州、衡阳、昆明、桂林、韶关、宜宾、万县等地银行、钱庄众多,所以根据银行、金钱业分支店合并法,禁止设立新的分支店。于此,基于贵阳区银行监理官的报告,禁止设立银行、金钱业的分支店。

JACAR:C13050257000、貴陽に金融業新設禁止　華文放送　昭和18年7月15日(防衛省防衛研究所)

104　兰州市银行近日开业

1943 年 8 月 11 日

(兰州三十日发)

准备设立中的兰州市银行,在市政府、财政部的认可下,于十日成立了董事会,该银行的资本额达四百万元,其中半数已经完成转账,近日将在中国正式开业。

JACAR:C13050259200、蘭州市銀行近く店開き　華文放送　昭和 18 年 8 月 11 日(防衛省防衛研究所)

105　甘肃省银行增资

1943 年 9 月 2 日

(兰州一日发)

甘肃省银行在财政部的认可下,将增加三百万元的资本。该银行的总经理崔唯吾在数日前抵达兰州,今天开始处理事务。

JACAR:C13050259300、甘肅省銀行増資　華文放送　昭和 18 年 9 月 2 日(防衛省防衛研究所)

106　兰州的票据贴现率统一

1943年9月24日

(兰州二十三日)

兰州的银行监理官办事处为了统一银行的贷款利率,和中央银行支行与钱庄业者针对财政部的"非常时期票据承兑贴现办法"一事进行了协商,决定挂牌贴现(正式贴现票据),利率每月三分,重贴现(再贴现)每个月两分四厘。每月中央银行支行进行公示。

JACAR：C13050259400、蘭州の手形割引率統一　華文放送　昭和18年9月24日(防衛省防衛研究所)

107　兰州市银行开业

1943年12月29日

(兰州二十八日)

兰州市银行二十四日正式开业,首日存款额就有一亿两千万元以上。

JACAR：C13050259500、蘭州市銀行開業　華文放送　昭和18年12月29日(防衛省防衛研究所)

第四章

通信·交通

108 对发往甘肃省及新疆省的电报的处理

1917 年 8 月 18 日

参考

官报 第 1515 号 大正六年八月十八日 星期六 印刷局 递信省告示第 671 号

处理外国电报的限制如下

明治四十二年七月递信省告示第 622 号将其废止

大正六年八月十八日

递信大臣 男爵田健治郎

亚洲地区

中国

发给甘肃省和新疆省的电报在处理时有如下限制：

一、电报只有在发信人处于危险情况时才可处理；

二、电报不可避免地有延迟。

（以下略去对其他地区、国家的记录）

JACAR：B08090103600、参考（外務省外交史料館）

109　西兰公路开通一事

1935年4月24日

34　昭和十/四/二十四　电报
三课次长（收）
天津军参谋长（寄）

　　新闻报：全国经济委员已经完成了西北建设的初步工作，即一年花费二百余万元建成了七百五十三公里的西安兰州线，计划五月一日通车。单程共四天（四十二小时），在西安、咸阳、乾县、监军县、邠县、长武、泾川、平凉、静宁、会宁、定西、兰州都有设置停车场，邠县、平凉、定西有设立旅店。每天早晨七点从西安、兰州发车。有十辆车，都是德国制的最新型号的奔驰，承重二吨，可坐十六人，后备厢可放行李。顺便提及，西安、兰州间一直以来都只有马车，单程需要二十天。

普通第352号
昭和十年五月二日
在南京总领事　须磨弥吉郎（寄）
外务大臣　广田弘毅殿（收）

　　西兰公路开通一事
　　有关全国经济委员会建设西兰公路（以甘肃省兰州为起点，经过定西、静宁、隆德、平原、泾川、窑店，经陕西省长武、乾县，到达西安，全长约七百五十公里）一事的进度已经在今年一月二十一日通过普通第49号进行了汇报。根据当地五月二日的报纸，本公路全线花费了一年多的时间，耗资百余万元才建好，西北国营公路局在上海购买了西安、兰州间的卡车、巴士二十四辆。全国经济委员会西(安)兰(州)工务所以及西北国营公路局好像要在五月一日举行开通仪式。

因为有好几处地方的桥梁需要再修建,还有某些地方的路面需要修理,所以现在还需要五天的路程,总之今年年底全部工程就结束了。

以上仅供参考。

本信复印件收件地址　公使　北平

JACAR:B04121057700、34　　西蘭公路(外務省外交史料館)

110　关于甘肃公路一事

1935年6月26日

33　调查资料第1686号(昭和十年)

甘肃省关于甘肃公路一事

甘肃省内的公路设施近年来突然发达,干线公路已经建成,除了其中的西兰、秦兰两条公路为国营外,其余均为省营道路,以下对主要道路详述如下。

一、西兰公路:东起兰州,经过榆定、定西、会宁、通渭、静宁、隆德、平凉、泾川等地到达窑店镇甘凉线。全长五百三十六公里的道路,其经费全部由全国经济委员会支出,但数额不详,该公路虽已通车,但由于不太平坦,目前征用沿途各县农民进行修理,该路由经济委员会西兰路管理局负责经营,该局在其外拥有公交、卡车等一百多辆车。

二、兰秦公路:兰州为起点,经过榆中、定西、通渭、秦安,终点为天水(秦州),全长二百二十公里。目前在公路上共投入十六万余元,在甘肃省建设厅的指导下,征用沿途各县的农民加紧修筑,但路面工程已经竣工,正在加紧修筑桥梁,该路归甘肃省建设厅管理,于今年九月开通,新绥汽车公司及个人汽车店的三十多辆汽车在该路运行。

三、天马公路：以天水为起点，经过清水、张家川，以陇县的马鹿镇为终点，全长一百一十四公里，用五万元的经费，在甘肃省建设厅的领导下动员农民进行工程修筑，但最近只完成了路面工程，目前正在修筑桥梁，该路的汽车营业全部由建设厅管理。

四、兰洮道路：从兰州经过洮沙到达临洮，全长九十四公里。目前建设厅用四万元的经费修筑中，路面工程的大半已经完成，桥梁也在稳步推进，预计不久将竣工。建设厅虽然进行了通车试验，但还没有开始营业。

五、兰享公路：兰州经过永登到达甘肃、青海（交界处）享堂峡。公路全长一百一十二公里，甘肃省建厂目前投入了五万二千九百余元，特派工程司（工程科长）加紧工程修筑，预计年内完工。

六、兰临道路：兰州为起点，经过永靖、宁定，以临夏为终点，全长一百三十八公里，目前动员皋兰、永靖、宁定、临夏各县农民，预计用二万元修筑，于今年年底前通车。

七、兰靖公路：是兰州到靖远的短线公路，全长一百一十公里。该路是前一年有一次由建设厅道路局征用皋兰、靖远两县农民开始修筑的，但因道路局的取消而最终中止，此后再没有修筑过。因此，宁夏道路管理局的汽车不定期运行，甘肃省的公共汽车则完全没有运行。

八、洮秦公路：自临洮经渭源、陇西、武山、甘谷，到达天水，这是一条全长三百三十七公里的长途公路。目前，建设厅派工程人员进行该路的修筑工程，预计将在今年内完工。（经费未定）

九、秦碧公路：经过天水、成县、武都，到达碧口，全长三百七十公里。目前动员沿途各县农民修筑中，路面工程大半完工，桥梁也在施工中，预计在今年年底前完工。

十、兰肃公路：兰州为起点，经过永登、古浪、武威、永昌、山丹、张掖、高台，以酒泉为终点，全长七百五十四公里，是甘肃省第一长途公路。但是由于该道路大致平坦，经济委员会虽然制订了修筑计划，但至今还没有动工。与该道路联系的新绥汽车公司，似乎取得了相当大的营业成绩。（十二月十日　铁路时报）

公第 382 号

昭和十年六月二十六日

在中华民国　特命全权大使　有吉明(寄)

外务大臣　广田弘毅殿(收)

　　甘肃省公路相关事宜

　　关于这件事,由于这次接到了当地日本铁道省办事处津田书记官的通知见附件复印件,所以将上面作为参考发送给您。

　　本信复写件送至:北平,南京

上海铁办第 221 号

昭和十年六月十八日

日本铁道省办事处　津田正夫(寄)

有吉大使殿(收)

　　最近甘肃省的公路

　　近来西北开发的呼声日益高涨,引起了各方的注意,但作为其中心的甘肃省首先以交通开发为第一,甘肃省建设当局与全国经济委员会合作,在系统规划下,为公路建设煞费苦心。上个月以来,立法院院长孙科先生在视察西北各地后,对来访的记者团发表感想说:"综合巡视西北各地的情况来看,应该得到全国经济委员会和各省建设当局的合作,密切关注公路建设的进展。但同时这些公路建设也是不完整的。例如,西兰公路(西安—兰州之间)由于本月一日计划通车,但是由于路没有完全铺好,夜间及雨天时交通严重受到阻碍。今后这方面的开发一定要通过官民合作才能实现,希望像上海银行界那样的地方也能积极投资。"从这一点也可以看出既成公路的欠缺之处。以下显示主要公路的情况,公路交通现状以兰州为中心,有五大干线,通遍各地。所谓五大干线就是:

　　一、兰峪线:从兰州起,经过永登、古浪、武威、永昌、张掖、酒泉,到达嘉峪关,全长1250华里①。

二、兰青线:从兰州起,经过黑嘴子、乐都,到达青海省城。

三、兰宁线:经过兰州、大川渡、靖远、大红沟、中卫、十空寺、叶升堡,到达宁夏省城,全长995华里。

四、兰秦线:从兰州,经过定西、马营、通渭、秦安,到达天水关,长640华里。

五、西兰路:从兰州直达陕西西安,长760余公里。已经在五月一日正式通车。

以上五条线路除了西兰路以外都是土路,宽约25尺,因为经常有汽车在上面开过,所以路面有很多处损坏,行驶极为困难。

修路计划

公路建设计划大纲由许建设所长决定,向省政府提出,全省预计建设六大主干线以及四十三条支线,共7230公里,预计五年竣工。工程费用预计三千二百八十九万四千元以上。

六大干线

一、甘陕干线:从皋兰(兰州)起,经过定西、静宁、隆德、平凉、银川,到达窑店,长491公里。

二、甘新干线:从皋兰(兰州)起,经过永登、古浪、武威、永昌、山丹、张掖、临泽、高台、酒泉、玉门、安西,到达星星峡,长1481公里。

三、甘青干线:从皋兰起,到享堂,长185公里。

四、甘宁干线:从皋兰起,经过靖远,到达兴仁堡,长237公里。

五、甘川第一线:从华家岭起,经过通渭、泰安、天水、成县,到达武都,长518公里。

六、甘川第二干线:从皋兰起,经过洮沙、临洮、临潭、岷县、西固、武都,到达碧口,长778公里。

---

① 中日"里"的尺度是不同的,日本:1里=3.9273公里,中国:1里=576米。

总计 3690 公里。

四十三支线如下所示,括号内的数字表示公里数。

定西—会宁(70)

会宁—界石铺(84)

隆德—庄浪(70)

庄浪—化平(58)

化平—华亭(52)

平凉—固原(102)

固原—海原(124)

海原—打拉地(70)

泾川—镇原(90)

镇原—庆阳(70)

庆阳—环县(120)　　庆阳—合水(35)

镇原—宁县(120)　　宁县—正宁(17)

泉邑—崇信(52)　　崇信—灵台(120)

天水—清水(70)　　天水—甘谷(70)

甘谷—武山(58)　　武山—陇西(52)

陇西—渭源(52)　　渭源—临洮(70)

江洛镇—徽县(52)　　徽县—两当(52)

成县—西和(104)　　西和—礼县(58)

成县—康县(63)　　礼县—天水(98)

武都—文县(156)　　岷县—宁县(98)

临洮—和政(85)　　和政—宁定(35)

和政—临夏(35)　　临夏—夏河(120)

兰州—永靖(115)　　永靖—临夏(23)

古浪—景泰(184)　　武威—民勤(120)

东步—民步(52)　　黑泉—鼎新(138)

鼎新—金塔(102)　　金塔—酒泉(64)

安西—敦煌(260)

共计 43 线,长 3540 公里。

修路顺序:第一年是甘陕干线、甘新干线,共计 1355 公里。
第二年是甘新以及甘宁、甘青、甘川各重要部分,共计 1362 公里。
第三年是甘川第一、第二线以及支线的一部分,共 1423 公里,
第四以及第五年是省内支线,共计 2600 余公里。
由于甘肃省地势险峻,因此以上计划是否可以完成还不能确定。

JACAR:B04121057600、33　甘肅省公路(外務省外交史料館)

111　关于甘新公路建设的事

1936 年 9 月 15 日

公路　普通公第 203 号　昭和十一年九月十五日
在郑州　代理领事　佐佐木高义(寄)
外务大臣　有田八郎殿(收)

关于甘新公路建设的事

连接新疆与甘肃的甘新公路中,兰州至凉州段已在技师刘如松的监督下完成测量。最近报纸上刊载了第一期工程,计划着手修建兰州至永登间的七十公里公路。关于同地以西的部分,据九月十日《西京日报》上刊登的消息,绥新公司派遣的技师张仁山的实测过程如下所记。

张仁山技师以哈密为起点,将全线分为七段。据其花费六个月的实测结果来言,甘肃省内丘陵起伏,有很多很难施工的地方,而新疆境内平沙万里,对于公路的修建比较容易。该技师测量过的地方如下:

第一段　哈密经明水草地至石板井子

79

450公里

沿路为哈密至庙尔沟80公里,庙尔沟至滚波泉242公里,滚波泉至石板井子128公里。庙尔沟、滚波泉、石板井子处有税局,除了税局有六七名工作人员所驻的小村外,再无可称村落的地方。只有一望无际的沙漠戈壁上,往来的骆驼队在沿途踩出了一条平坦的路,形成了天然的公路。

第二段　自石板井子至肃州
353公里

沿途荒凉,只有在草地上看见来来往往的骆驼队。途中在红柳、大泉两地,设有酒金税局的分卡,驻有二三名工作人员。

第三段　肃州至安西
258公里

沿路较为开阔,散有小村落,车马往来频繁。各地的里程如下(单位公里):肃州(27)—嘉峪关(15)—双井子(14)—惠回堡(16)—火晓井(16)—赤金湖(17)—赤金峡(25)—三十里井子(16)—玉门市(20)—三道沟(35)—布隆吉尔(33)—小宛(28)—安西。

第四段　由安西经新星星峡、烟墩、长流水到哈密
380公里

沿路有白墩子、红柳园子、大泉、马连井子、星星峡、沙泉子、苦水、烟墩、长流水、黄龙岗等小村落。每村不过三四户人,此线路是将来联系甘新两省的重要道路。

第五段　自哈密东方的苦水起,经石板墩到敦煌
500华里

沿路有红柳井子、尖山子、树沟子、马连泉、石板墩、博罗、砖井等小村落。多平沙,公路建设不难。

第六段　敦煌至安西

109公里

沿路较为平坦,易修公路。有新墩子、圪塔井、甜水井、瓜州四村落。人马往来相当频繁,旅社之设备较其他处要好。

第七段　肃州至凉州

451公里

肃州至甘州219公里,甘州至凉州232公里。沿路丘陵起伏,施工困难处不少。

上述为供参考,前来报告
本信复写件传送至:
驻北平、汉口、天津大使

JACAR:B04121096900、6　甘新公路建設ニ関スル件(外務省外交史料館)

112　蒙古文及藏文电报的符号编制

1936年11月27日

对中国的递信事业调查会　"满洲"情报　第125号(十一/十一/二十七)

交通部要求甘肃、青海、西康三省特派员格桑泽仁编制蒙古文及藏文的电报符号。去年十月在南京举行公开考试,取得好成绩,班禅大师入藏的时候让无线电台的人受命实施。另外,交通部为了便利蒙古人的通信,让蒙藏委员会研究编制蒙古文电报符号。十月二十八日在南京进行公开试验,取得了非常好的成绩。不远处,绥远方向的无线电台正式开始使用蒙古文电报。蒙古人听到这个喜讯非常高兴。欧美和日本的文字在电报传送上都使用字母,一个电报符号代表一个字母,依次传送,一点也不觉得困难,但我们中国的文字分为汉满蒙回藏五种,其中汉字被利用得最多,但不能用电报符号直接表示字的笔画,因此需要将四个数字替换成一个字,在一封电报中进行两次翻译。遗憾的是,文字间接传送,不但会降低速度,而且容易产生错误。但是,蒙古文在没有回笔这一点上与日文相同,与日文不同的是,蒙文的几个字母混在一块,所以不知道的人很难辨别是几个字母的集合。另外,藏文每一个字母使用一个符号,共计五十九个,但蒙文有一百多个字母,除了上中下相同的符号外,还要制作六十一个符号进行直接传送。也就是说,在汉文之前,可以直接传送文字,在我们中国电信历史上开辟了一个新纪元。(十一月七日大公报电报特)

JACAR:A09050878900、蒙古文及西藏文の電報符号編制、日満郵便振替業協定(国立公文書館)

113 亚欧航空公司的兰州新疆线计划

1937年8月31日

(西安八月二十五日发)

据中央社电,欧亚航空公司此次将其总公司迁移到西安,计划向西北方向扩建航线,并考虑启动兰州新疆航线。

JACAR:B02030563300(16)、8 週刊時報(144)(外務省外交史料館)

114　重庆"西北国际通道"疯狂扩张

1938年7月15日

(UP 重庆十五日来电)

中央日报报道,重庆经济部长翁文灏前些日子来甘肃省视察了该地区的石油产出等,14号又为增加西北国际通道赴新疆、蒙古,然而,在新疆地区,目前交通部的派遣军队正在忙于新路线的开设。重庆《大公报》关于这个问题指出,抗战第六年的主要工作是西北通道的扩张。

JACAR:A03024838900(1)、重慶「西北国際ルート」拡張に狂奔　UP、重慶十五日(国立公文書館)

115　苏中间航路关系(1)

1939年2月28日

昭和十四　5687　略　上海　二月二十八日后　发　亚、欧、情　本省二十八日后收

三浦总领事(寄)

有田外务大臣(收)

第495号

大陆报[①]根据从重庆来的报道,苏中航空因为上周试验飞行取得了好成绩,所以准备下个月开通此航线。苏中两国已经做好了准备,飞机用的是中

---

① 大陆报(1911—1949):原文为 *China Press*。有关《大陆报》,请参照:张宪文,方庆秋,黄美真主编.中华民国史大辞典[M].南京:江苏古籍出版社,2002:70.

国航空公司的,预定将延长现在的重庆、兰州之间的航线,使其经过新疆到达苏联。

转发给北京、天津、南京、汉口。

JACAR:B10074851200(2)、2 亜細亜南洋・欧州間(23)蘇－支間航空路関係(外務省外交史料館)

116 苏中间航路关系(2)

1939年3月5日

昭和十四 6337 略 上海 三月五日后发 亚、欧、情 本省五日夜收
三浦总领事(寄)
有田外务大臣(收)
第557号 有关第495号

根据四日重庆发的路透社新闻,有关苏中航空一事,在两国当局之间过去数个月的努力交流下,这次决定以新疆哈密为联络地点,进行重庆、阿拉木图之间的实验飞行。去年九月的时候两国就已经围绕此事有过交涉,但是并未成功。开头部分和以往的电报不同故进行报告。

转发北京、汉口、南京、天津。

JACAR:B10074851200(2)、2 亜細亜南洋・欧州間(23)蘇－支間航空路関係(外務省外交史料館)

117　苏中间航路关系（3）

1939 年 3 月 22 日

昭和十四　8381　略　上海　三月二十二日后发　亚、欧、情　本省二十二日夜收

三浦总领事（寄）

有田外务大臣（收）

第 746 号　有关第 557 号

根据重庆二十一日发路透社新闻，苏中之间乘客和邮件的航空运输将于二十四日开始，中国方面重庆、哈密之间的航班是每周一次，周五从重庆起飞，经停西安、兰州、凉州、肃州，机票费到西安是 270 弗①、到兰州 470 弗、到肃州 830 弗、到哈密 1150 弗，飞机是可载 85 人的三发动机飞机。

JACAR：B10074851200（4）、2　亜細亜南洋・欧州間（23）蘇−支間航空路関係（外務省外交史料館）

118　苏中间航路关系（4）

1939 年 3 月 25 日

昭和十四　8819　略　上海　三月二十五日后发　亚、欧、情　本省二十五日夜收

三浦总领事（寄）

---

①　弗：日文中指英文的美元（dollar）。

有田外务大臣（收）

第 788 号　有关第 746 号

　　根据重庆二十四日发的路透社新闻，重庆至阿拉木图间的苏中航线于二十四日开通，当天早晨苏联飞机从阿拉木图起飞，中国飞机从重庆起飞，共同向哈密飞去。中国方面，交通部的容克斯飞机①也载着七名乘客于早晨七点从重庆起飞，经停兰州，预定于二十六日下午两点到达哈密。

　　转发北京、天津、南京、汉口。

　　转发香港。

　　JACAR：B10074851200（7）、2　亜細亜南洋・欧州間（23）蘇－支間航空路関係（外務省外交史料館）

119　苏中间航路关系（5）

1939 年 3 月 31 日

昭和十四　9695　略　香港　三月三十一日后发　亚、欧、情　本省三十一日夜收

田尻总领事（寄）

有田外务大臣（收）

第 387 号之 2

　　三、第 323 号最后一段，苏中航空是交通部在经营，中间在西安、兰州、凉州设立了中转站，预计二十四日开通此航线。每周星期五从重庆起飞，在兰

---

① 　容克斯飞机：德国 Junkers 飞机。

州经停过夜,第二天下午两点到达哈密,使用两架十五人座的欧亚飞机①(孙科和苏联大使将在二十四日共同乘坐此飞机)。

JACAR:B10074851200(8)、2 亜細亜南洋・欧州間(23)蘇-支間航空路関係(外務省外交史料館)

120 苏中间航路关系(6)

1939年3月5日

昭和十四　6304　略　香港　三月五日前发　亚、欧、情　本省五日后收
黄田总领事代理(寄)
有田外务大臣(收)
第285号

根据三日重庆发的《大公报》的特电,苏中联络航线的重庆至哈密区间(渝哈线)近期要进行试飞,以西安、兰州、武威、洒湖②为中转地,每周一次进行旅客和邮件的运输。

转发北京、上海。

JACAR:B10074851200(4)、2 亜細亜南洋・欧州間(23)蘇-支間航空路関係(外務省外交史料館)

---

① 欧亚飞机:指欧亚航空公司的飞机。欧亚航空公司,为国民政府和德国汉莎航空公司合办,1931年成立,1943年改组为中央航空公司。请参照:张宪文,方庆秋,黄美真主编.中华民国史大辞典[M].南京:江苏古籍出版社,2002:1157-1158.
② 洒湖:原文即为"洒湖",疑为"酒泉"。

121　重庆方面计划确保西北通道

1943年6月

重庆由于失去了缅甸"通道",因此进行自主抗战体制的整备与强化,同时为了确保西北"通道"的畅通,进行了西北的开发以及中央化工作,随着重庆方面态度积极以及获得了苏联的谅解,工作有着显著的进展,现在工作已告一段落。也就是说,重庆基于西北开发和中央化政策,昭和十七年七月以来,将凉州的马步青、甘州的韩起功①、肃州的马步康等部队都移动到青海省西宁附近驻扎,并且以中央军代替调走的军队驻扎进甘肃省回廊地带,将此地纳入中央军的实际管辖之下。这些中央军在进驻当地后,购买军需品时要经过商会之手。进行购买时,他们严格遵守和商人进行直接交易的规定,避免和当地民众产生摩擦,很注重掌握当地民心。

JACAR:B02031683200(1)、5　重慶の一般状況　5(外務省外交史料館)

---

① 原文误记为"韩起巧"。

第五章

外交·外国人

122 有关甘肃平罗县外国传教士及教徒被害事件的上谕

1902年2月12日

明治三十五年二月十二日接收　机密收第54号　公信第8号

甘肃省宁夏府平罗县外国传教士及教徒被匪徒杀害一事，所颁布上谕如下。但是被害传教士的国籍、人数、事件发生日期等均不详。

十二月二十七日上谕

（以下略）

JACAR：B03050007600、10　明治35年1月28日から1903〔明治36〕年12月4日（外務省外交史料館）

123 陕西、甘肃方面外国人势力扶植情况

1914年3月16日

机密第118号　大正三年三月十六日

89

在中国　特命全权公使　山座圆次郎（寄）
外务大臣男爵　牧野伸显（收）
陕西情报
附件陕西情报第28号依例上报，以供参考
三月十三日

安报第28号
报告目录
一、陕西曾经和现在政治情况和政策费用减少
二、陕西、甘肃方面外国人势力扶植情况
三、甘肃政治概况
四、对延长中美合办石油一事陕西官民意向
报告如下
大正三年三月四日　在西安　太田资事（寄）
水野参事官殿（收）

（以下为摘录——编者）

二、陕西甘肃方面外国人势力扶植情况（部分）
……在甘肃居住的外国人是英美法的传教士，数量比起陕西来就很少了，这完全是宗教的原因。听说甘肃九百万人口中，超过四分之一的都是回教徒，因此新旧两教的传教是颇为困难的。

四五年前，兰州凭借省政府的力量产出了大量的金铜矿和羊毛，所以有计划开一个制绒公司，其承办的比利时人在第一革命（辛亥革命）失败后就逃走了，给甘肃带来了大约二百万的损失。一直以来，甘肃的矿山等产业都没有外国人经营。现在也没有听说有外国人想要获得利权，或者投资新产业的情况。

甘肃地广民贫，靠着毛皮是特产，再加上近几年实业热，才逐渐旺盛起来，逐渐兴起了制绒、火柴、制纸、玻璃等小规模工业。其中也有人从日本购

入器械。现在,以小生的知己、新任兰山观察使黄英(留日出身)为首的实业振兴者为急先锋,有说打算从我国进口人才、器械的想法。但是财政困难的时候,也没法进行财政整理和裁兵,说到底也做不成大事业。……

三、甘肃政治概况

综合了在甘肃的日本人江藤涛雄,以及从甘肃回到陕西的熟人们的情报后,感觉现在甘肃政界的情况,和去年年底没有多大差别,好不容易回到了以前的状态。这中间值得注意的是马安良派的田骏丰(前财政司司长)因审讯原因腊月时被押送到了北京,其机关也命令《兰州日报》停版。还有最近教育司司长栾守纲、实业司司长喇世俊也收到调入京城的命令。这种慢慢将新进有为的人,驱赶出甘肃的原因,并非马党,而是所谓旧官僚派(原共和党)慢慢恢复势力的一种表现,这也值得注意。

正如报告中所说的那样,甘肃的政治党派极为复杂,再加上汉回两民族的摩擦,还有不断的财政、裁兵问题,给全省的政策实行造成很大影响,几乎看不到任何政绩,像张护理都督这样中饱私囊的官员,都在今天递交了辞呈想要远离这场困局。

但是外省出身的官吏和本省出身的官吏之间的明争暗斗,最后是外省方获得了胜利。去年秋天国民党解散后,省级会议也停止了,马安良在暗地里的势力也在政治上无计可施。只是因为任用外省人是中央政府的方针,所以甘肃的外省人派才侥幸获得胜利。与此同时,反对党马派和其他本地汉人一样,如今不得不陷入了一筹莫展的局面。

在这个混乱的时代,张陕甘筹边使在二月中旬踏上了从西安到兰州的路途,因此早晚都会到达上任地(西安至兰州,约十八日的行程)。听说他到兰州就任都督后,要整顿官纪、整理财政、裁撤军队、厉行禁烟、开办实业教育等,但是人们对于他是否可以如愿以偿还抱有疑虑。

其他省份虽然没有彻底改编,但是基本都改名为师、团、旅了,不过甘肃和新疆依然沿袭了前清时代的旧名旧职。理由并非是军饷不足,而是省长官的命令无法贯彻到各军统。也不能说军事上没有新的知识分子,因为还是有士官学校出身的人。换言之,是中央的命令无法到达边疆。

马安良将自己的亲戚都部署在了兰州附近,马福祥是宁夏,陇东护使张行志是平凉,崔正午是秦州,自己则握有兵马实权,竟然就连一省的都督都对他有所忌惮,断然裁兵只会成为叛乱的导火索。新任的张广建究竟会采用什么方法来进行裁兵节饷呢?这是他必须要重视的问题。

JACAR:B03050105100(7—11)、3　大正3年3月4日から大正3年4月8日(外務省外交史料館)

124　报告有关反对斯坦因前往新疆、甘肃两地旅游一事①

1930年5月23日

总第22号　昭和五年五月二十三日　英国人斯坦因在新疆、甘肃两地的探查
东方文化事业总委员会委员　濑川浅之进(寄)
外务省文化事业部长　坪上贞二殿(收)

报告有关反对斯坦因前往新疆、甘肃两地旅游一事
古物保管委员会北平分会于本月二十一日,向南京政府及教育部递交了禁止给英国人斯坦因前往新疆、甘肃两地旅行护照的申请。现将其申请大略翻译转送以供参考。

斯坦因初次进入新疆、甘肃为光绪末年,其随行者中,既有军事通又有测量队,其从印度到兰州进行了细致的测量调查。当时正值印度政府出兵

---

① 有关斯坦因在新疆的史料,请参考:中国新疆维吾尔自治区档案馆、日本佛教大学尼雅遗址学术研究机构合编.清代新疆建置档案史料·斯坦因第四次新疆探险档案史料[M].乌鲁木齐:新疆美术摄影出版社.

西藏之时，其行动与军事有关，已经为世人周知。因此，他最近计划的西北科学考察团，我国要在国防上十分警戒。另外，敦煌的卷子本及佛像等，是东方文化之骄傲，用它作研究尚可，而将之盗取的话，斯坦因有不可推卸的道德责任。其将文物盗走及收买当地人的事实，已在其著作中叙述。对于动机可疑的斯坦因，应停止发给他护照，并应阻止他启程。这不仅关系国家主权，也是本会职责所系，在此全凭政府支持。

JACAR：B05016100700（2）、1　支那満蒙探険雑件　大正十五年六月以降（8）英国人スターイン氏新疆甘粛方面探査関係　昭和五年五月（外務省外交史料館）

125　关于英国人斯坦因去甘肃一事

1930年6月4日

普通送第373号

昭和五年六月四日

在南京领事　上村伸一（寄）

外务大臣男爵　币原喜重郎殿（收）

关于英国人斯坦因去甘肃一事

针对英国人斯坦因在甘肃、新疆一带旅行，并计划对当地文物进行研究一事，因为他之前把大批中国文物运送外国已成事实，为阻止其旅行中国，各个学术团体向教育部发出请愿。教育部在六月三日向各学术团体做出了内容为"因斯坦因游历护照已由外交部发出，难以阻止其旅行。特请甘肃、新疆两地方政府格外加以注意，如果这个人收集文物向省外运输，应严加取缔"的回答，通令甘肃教育厅等机关。

上述为供参考，特此报告。

本信复写件寄送　公使　上海　北平

（附日文报纸）
中国古物保管会揭发英国世界级探险家盗掘古代文物

即使英国世界级探险家奥莱尔·斯坦因动机不纯地出发前往新疆探险，但中国古物保管会对其进行了举报，并在其探险途中，向国民政府陈情要求驱赶斯坦因，同时也向我东亚考古学会做了通告，作为学术研究上的国际问题，在学界引起哗然。

斯坦因去年春天曾访问我国，但很快人们发现他进入中国境内进行古物发掘，他本人受到北平学界的攻击，并暂时退往印度。据最近曝光的内幕来看，他的探险费用约二百万元，其中大部分来自美国哈佛大学，其他则来自大英博物馆及印度陆军测量部。并且去年哈佛大学再度向中国西北地方派出发掘队，但在北京大学的监视下并未成功，可见这次是假托斯坦因前来收集文物。

对于此事，我国东亚考古学会，因在学术研究上与中国有密切关系，最近也发表了自己的态度，一是保护中国这个人类文化研究上的国际宝库，一是解决当前纷扰，应该圆滑地和国际学界接触。（中缺）不仅是观念，也不认为是正确的学术研究态度。因此，为了今后的国际合作研究，我国也应积极干预，不同于像美国一样，可以拿出资金。在中国，我国经常被排除在国际学界之外，这使我等切齿难堪，因此正好趁此机会，积极活动，最近，将和京大的滨田青陵博士等人一起商讨这件事。

JACAR：B05016100700(3-4)、1　支那满蒙探险雑件　大正十五年六月以降　(8)英国人スターイン氏新疆甘肃方面探查関係　昭和五年五月（外务省外交史料馆）

<<< 第五章 外交·外国人

126 有关英国人斯坦因新疆探险的事

1931年1月15日

机密第47号
昭和六年一月十五日
于中华民国日本大使馆 大使馆参事官 矢野真(寄)
外务大臣男爵 币原喜重郎殿(收)

  有关英国人斯坦因新疆探险一事
  关于英国探险家斯坦因(Aurel Stein)的新疆方面探险计划,此次北平古物保管委员会向国民政府行政院及教育部发出了内容如下的反对陈情。
  一、斯坦因自前清光绪二十七年以来,已数次前往新疆、甘肃两地探险,并对印度到该地区做了军事上的详细测量,同时盗取敦煌宝藏,给我国造成莫大损害。斯坦因这次入新之时,外交部在本会及台湾方面研究院的忠告下,告知英国驻华公使,如有发掘文物运输国外的行为,将其目的及计划书送付台湾方面研究院,经审查后方可出发。斯坦因至今并未送付,其间本会屡次向新疆政府发出阻止他入境的请求,据最近消息,斯坦因已经入新。
  二、据各方探查,斯坦因本次探险费用,由美国哈佛燕京研究院每年供给二万镑,三年合计六万镑(中国货币一百三十余万元),另外英国博物馆提供他六千镑,印度政府陆军测量局提供若干镑,如此合计至少已调配二百余万元。其目的,假如单纯是为了调查古代交通道路,怎么会需要如此巨额费用。"哈佛燕京研究院"是以美国资本家霍尔(Hall)的遗产为经费,为研究与中国有关的各种问题而设立的,去年已尝试派人员前往西北进行发掘活动,本次又答应斯坦因的请求,以发掘文物存放研究院为条件,向其提供资金。而其所得文物,全部送往哈佛大学,仅将重复部分,分给英国博物馆及印度。
  三、此后虽然英国公使发表了主要内容为"绝对不将文物运送国外"的声明,但从斯坦因与美国方面的接洽状况来看,他计划大规模文物发掘已经很明显。此时,应取消他所持上述护照。该会更发表宣言,主要列举以下条目:

1.身为考古学大家,斯坦因不能仅仅以调查古路为名义申请护照。

2.所有将一国文物运送出国的情况,必须是从文物合法所有者那里取得,并且这一行为不会对国内文物的完整价值造成损害,同时全无文物所在国的研究者及保存者为限,斯坦因的行为向来与上述原则不合。

3.斯坦因的行为与1930年6月2日公布的古物保存条例不合。

以上理由,故反对斯坦因进入新疆。

上述为供参考,特此报告。

本信复写件寄送　代理公使
天津、南京、张家口

JACAR:B05016100700(5-6)、1　支那満蒙探険雑件　大正十五年六月以降　(8)英国人スターイン氏新疆甘粛方面探査関係　昭和五年五月(外務省外交史料館)

127　苏联的兰州领事馆设置要求

1938年6月18日

中国偏袒阿班①印象

苏联坚持在甘肃省兰州开设总领事馆。(六月十八日从香港发出的阿班通信)

---

① 哈雷特·阿班(Abend, Hallett Edward, 1884—1955),1929年之后任《纽约时报》驻华首席记者。请参照:阿班.民国采访战[M].杨植峰,译.桂林:广西师范大学出版社,2008.

JACAR：A03024090500（1-2）、米国　支那曡屓「アーベンド」ノ印象（国立公文書館）

128　苏联工程专家

1940年3月8日

（合众社重庆七日电）

据一可靠消息，第一批苏联重工业工程专家已抵中国境内。这些专家包括电气工程、水利工程、钢铁工程、防空工程等人才，彼等现已行抵兰州。从来到中国服务之苏联专家，仅限于军事顾问。中国特使贺耀祖现正与苏联当局继续商议，预料苏联将继续以其他方式援助中国。至日人方面所传，谓苏联之军事顾问将他中国之说，其实不确。

JACAR：C13050253700、蘇工程專家　国民日报　昭和15年3月8日（防衛省防衛研究所）

129　苏联重工业工程师第一团到达

1940年3月12日

内阁情报部三·十二　情报第2号
重庆UP新闻电报广播（三月七日）（朝鲜总督府递信局听取）
一、苏联重工业工程师第一团为了帮助国民政府的重工业振兴计划抵达了自由中国①。他们一行是由电气、航空、水力、机械、钢铁等部门的工程

---

① 自由中国：指当时并未受到外国影响的中华民国的势力范围。具体请参照：Quigley, Harold S. *Far Eastern War 1937—1941* [M]. Boston：World Peace Foundation, 1942：85-86。

师组成,目前位于兰州。一直以来,苏联的义勇志愿者只有军事顾问,以派遣技师为形式的苏联援助,是特使贺耀祖和苏联政府谈判的结果。据悉,日本方面对苏联顾问离开中国的报道并不属实。

JACAR:A03024590800、重慶UP新聞電報放送(三月七日)(国立公文書館)

130　邵毓麟前往迎接威尔基[①]

1942年9月30日

(兰州九月三十日来电)

奉蒋介石命令,前来迪化(今乌鲁木齐)迎接威尔基的邵毓麟及情报部次长董显光陪同在新疆首府迪化滞留一夜的威尔基,于上午十时十五分在众人的目送下,出发前往甘肃省首府兰州。威尔基在九月三十日下午三时三十分,乘飞机自迪化到达兰州,他们一行人受到约三万名学生和劳动者的夹道欢迎,兰州城的城墙上贴着欢迎的标语,在中美两国国旗的波浪间,威尔基乘坐汽车疾驰而去。

JACAR:C13050057100(1-3)、邵毓麟、ウィルキーを出迎へ　成都英放昭和17年10月2日(防衛省防衛研究所)

[①] 温德尔·威尔基(Wendell Lewis Willkie),美国联合援华委员会名誉主席。1942年作为罗斯福总统的私人代表,围绕着中东和苏联,对中国进行了访问。有关威尔基在中国的活动,请参照:杨耀健.周恩来会见威尔基[J].红岩春秋,1995(1):20.杨天石.关于宋美龄与美国特使威尔基的"绯闻"[J].百年潮,2003(10):72-78.

131　威尔基秘蔽[①]

1942 年 9 月 30 日

（迪化九月三十日电）

威尔基于三十日早十时十五分,由邵良、显光陪同,乘专机离迪飞兰。盛督办夫妇及各界首长均前往机场送行。

（兰州九月三十日电）

威尔基三十日下午三时半,董显光陪同他一起乘坐专机到兰。正伦、鸿列、飞鹏、朱长官夫人及各界首长、各团体代表以及在兰州的美侨都前往机场欢迎威氏。下机时,乐队高奏美国国歌,威氏含笑与欢迎者点首为礼,并接受仪仗队及男女童子军之敬礼。威尔基与一年幼之童子军握手表示谢意,旋与朱谷董同车离场,穿过在公路上慢慢行走的载运羊毛与食盐的马车,向东行驶,进入城区,到励志社休息,沿途学生两人,店员及民众约七万余人,手持中美国旗夹道欢迎威尔基。

JACAR：C13050062800、威尔基秘蔽　華文放送　昭和 17 年 10 月 2 日（防衛省防衛研究所）

132　威尔基谈话发表

1942 年 10 月 3 日

（兰州三十日）

[①]　秘蔽：JACAR 中,该档案题目就为"秘蔽",但是在原文中并未有"秘蔽"二字。

三十日到达兰州的威尔基,于下午五时出席谷省主席举办的招待茶会,席间进行了十五分钟的记者会见,概要如下。

一、中国的报社应尽量接触中国民众,彻底了解中国的舆论和民情。

二、视察了欧洲、非洲两大战场后,前来视察已抗战五年的中国战场,希望能见识到中国兵将们旺盛而英勇的士气。

三、这次访问中国,肩负着增进中美两国友谊永远稳定发展的重任。

另外,对于记者关于何时开辟第二战场的提问,威尔基答道:"到重庆后再与蒋委员长协商。"在会见中,威尔基针对中国的形势不断向记者提问,新闻记者将战前和战中的情况进行了详细报告。威尔基对中国教育、文化、工业合作社惊人的发展进步表示感叹。威尔基还用华美的语言表示,在五小时的高空飞行中,中国西北部此起彼伏的丘陵、森林以及沙漠中的点点绿洲,看上去仿佛是美国西部一般,从这条线路来到兰州,非常愉快。

JACAR:C13050056400、ウィルキー談話発表　華文放送　昭和17年10月3日(防衛省防衛研究所)

133　威尔基在谷主席招待宴上的致辞

1942年10月3日

(兰州三十日)

朱绍良、谷正纲[①]在三十日夜,招待威尔基。对于美国对华的援助和威尔基对援华运动的热烈支持,谷主席表示谢意。紧接着,在雷鸣般的掌声中,威尔基站起来说:"这次旅行是我一生中最愉快的旅行之一。在五年前美国开始重视国防问题时,中国已开始为抵抗日本侵略而抗战。假如没有贵国长达五年的持续抗战,那么我国就不会发动像今天这样的战役。可惜以往五年间,我国并没有给予贵国大量支援,假如给予贵国大量援助的话,

---

① 档案原文为谷正纲,而时任甘肃省主席者应为谷正伦。下同。

世界或许不会出现如此大规模的流血事件。我这次访问贵国,绝非前来'指导'而是为了学习。我与朝野人士关于战时以及和战争相关的广泛问题进行了讨论。美国的战争不仅是美国政府的政策,同时也是美国人民对于中国人民长久友谊的体现。"当晚的宴会为中式,威尔基第一次吃到中国菜肴。落座后,威尔基向中国方面一一介绍随行人员。

JACAR:C13050056500、谷主席招待宴に於てウィルキー挨拶　華文放送　昭和17年10月3日(防衛省防衛研究所)

134　朱绍良、谷正纲向威尔基赠送礼品

1942年10月3日

(兰州一日)

威尔基来到兰州时,朱绍良赠送给威尔基一对龙骨印,谷正纲赠送给威尔基一幅张大千所画的敦煌千佛洞佛像以及一张中国花纹的绒毛毡。

JACAR:C13050056600、朱紹良、谷正綱ウィルキーに贈物　華文放送　昭和17年10月3日(防衛省防衛研究所)

135　威尔基参观各工厂

1942年10月1日

(兰州一日)

威尔基于一日上午七时在省政府花园与谷主席共进早餐。席间,威尔基与谷主席对甘肃省改进农村水利、丰富矿产资源以及融洽宗教关系等问题进行了交流。早餐后,威尔基与谷主席一同参观工业合作社的纺织工厂,

101

参观了军用毛毯、绒毛毡的生产。威尔基称赞手工业的发展并与两名少年工人合影。之后，在街头民众的欢呼声中，前往机场。广播局播放中美两国音乐，各商店鸣放爆竹的声音回荡天际。八时四十分，威尔基到达机场，下车与前来送行的诸位进行了十五分钟左右的交流，之后他从飞机中拿出点心分给儿童。"下次归来再见！"上午九时威尔基与送行人员告别，同朱绍良、董显光一起飞往成都，预计在成都停留一天后前往重庆。

JACAR：C13050057600、ウィルキー各工場参観　放送（防衛省防衛研究所）

136　威尔基到达兰州

1942年10月2日

（重庆　昭和十七年十月二日）

威尔基到达兰州

九月三十日，威尔基与董显光在邵毓麟的陪同下从迪化到达兰州。受到了约三万兰州市民的欢迎。下午七时，甘肃省主席谷正纲莅临晚餐会。与会者有兰州政府、军部领导以及物资统制局局长俞飞鹏等。威尔基在甘肃省主席谷正纲的引导下，于十月一日上午访问了工业消费组合，威尔基赞扬了手工业的进步并与工人合影。在机场分别之际，威尔基将糖果赠予前来送行的儿童。飞机在上午九时出发，先到成都，转而到达重庆。在兰期间，威尔基从省主席那里获赠由龙骨制成的中文印章。（原注：龙骨大量出土于甘肃省地下）

JACAR：C13050057000、ウィルキー蘭州に到着　重慶英放　昭和17年10月2日（防衛省防衛研究所）

102

137　威尔基谈西北

1942 年 10 月 4 日

(兰州四日)

　　威尔基对于西北印象良好,听到这个消息,当地人十分欢喜。威尔基来兰时,关于西北的感想他如下说道:"西北是中国古今新旧相互汇集的有趣地域。即便是在我短暂的逗留期间,对于将来西北的新兴事业,比如水利、电力、林业、畜牧及轻重工业的发展也充满期待。"威尔基感触颇深地说道:"仅从兰州市政这一项,便可窥见古老的中国正在向新时代迈进这一事实。"

JACAR:C13050058800、ウィルキー西北を語る(防衛省防衛研究所)

第六章

军　事

138　在甘肃省肃州设立特务机关一事

1936年7月1日

昭和十一　12367　暗　张家口　一天后发　亚　本省　七月一日夜收

有田外务大臣（收）

中根领事代理（寄）

　　第143号（部外秘）根据某机关长说的内部消息，军方最近在边境工作上格外活跃。天津军在西安。关东军在之前所报告过的额济纳、阿拉善、青海省札藏各设有五人编制（特务长一名、辅佐一名、庶务一名、会计一名、电报一名）的特务机关，最近计划在甘肃省肃州也设置。因此将此电报转发至北平、天津、满、南京。

　　JACAR：B02031784700（1）、1　昭和十一年　自六月/4　昭和11年7月1日から昭和11年7月8日（外務省外交史料館）

139　近期西北地方各军状况

1937年3月16日

中参特报第 22 号　昭和十二年三月十六日
中国驻屯军司令部

近期西北地方各军状况

次长四、次官四、时局员一〇、关东军二、朝鲜军二……北机二、上海武二、汉口南京二、广东

目录　一、中央军　二、东北军　三、陕西军　四、甘肃青海军　五、红军附结论

（中略）

四、甘肃、青海军

甘肃本地军新编成第一军和第 165 师，在事变前没有任何变化，青海回教军现在将主力往甘肃、河西集中，和红军第四方面军的残留部队第 31 军（王树声）交战中。两军的装备都是中国军中最低级别的，枪的数量只占到兵数的一半。

甘肃、青海军（约六万）

军号	部队号	指挥者	编成	驻地	摘要
新第二军		马步芳			
	第一〇〇师	马步銮	五个旅	张掖、山丹	
	骑第五师	马步青	二个旅	景泰	

续表

军号	部队号	指挥者	编成	驻地	摘要
	警备第一旅	马元海		一条山附近	
	警备第二旅	马彪			
新第一军		邓宝珊	十个旅	定西、陇西、靖远	
	第一六五师	鲁大昌	二个旅四个团	岷县	

JACAR:B02032034200(8-9)、12 昭和12年3月16日から昭和12年4月6日(外務省外交史料館)

140 兰州机场(第一回)攻击战斗详报[①]

1937年12月4日

木更津海军航空队

目录

一、形势

二、计划

三、经过

四、结果

五、战斗后我方兵力现状

六、所见

附表

---

① 此处的兰州机场指拱星墩机场。请参照:笠原十九司.海軍の日中戦争　アジア太平洋戦争への自滅のシナリオ[M].东京:平凡社,2015.中共兰州市委党史办公室.兰州空战始末[A].中共兰州市委党史办公室编.兰州空战——(1937—1943)兰州空战资料选编[M].2015:17-18.

第一　飞机队编制表

第二　行动图及合战表

第三　死伤者调查表

第四　兵器故障损失调查表

第五　兵器消耗调查表

第六　燃料消费调查表

第七　十二月四日天气图

附录　电报收发日志(目录完)

兰州机场战斗攻击详报

一、形　势

1.所在　南苑基地。

2.可使用兵力　96式陆上攻击机17机。

3.攻击命令　第一联合航空队命令(十二月三日12:00发令)明四日,木更津部队以中型攻击机(四型)12架,于07:30起飞,进攻兰州机场。轰炸目标是机场飞机、机库、附近设施。

二、计　划

1.编制及任务行动

指挥官	大队	大队长	中队	中队长	机种机数	任务及行动
菅久少佐	一	菅久少佐	一	小谷少佐	96陆攻3机	轰炸兰州机场
			二	山之内大尉	96陆攻3机	轰炸兰州机场
	二	入佐少佐	三	细川大尉	96陆攻3机	轰炸兰州机场
			四	入佐少佐	96陆攻3机	轰炸兰州机场

2.携带炸弹　250公斤陆用炸弹　各机2枚。

3.攻击计划

(1)行动计划

①07:00 第二中队、第一中队、第四中队、第三中队按顺序起飞

基地232°300′—黄河、秃尾河合流点247°348′—兰州计648′(直飞)。

②起飞后各队迅速集结,组成夜间飞行编队,按照之前进攻西安时的要领。但是

A.各中队各机在日出前维持点亮航空灯、编队灯的状态飞行。

B.定针后,第二中队逐渐提升高度达到3500米。

C.夜间行动中各指挥官机根据需要通过信号灯①发送自己的识别信号。

(2)轰炸计划

①使用炸弹　各机250千克

②目标分配

第一大队　机库、欧亚航空事务所、敌空中兵力;

第二大队　敌空中兵力、机库、中央空军航空站;

第三大队　敌空中兵力、中央空军航空站附近设施。

③轰炸高度

第一大队　3800米(标高1700米);

第二大队　4000米。

④投弹方法　一齐单发两次投弹。

⑤进入方法　进入方向SW和W,各大队按顺序攻击。

⑥轰炸后旋转方向　向右。

三、经　过

07:15至07:29全机(11架)起飞。大队成员互相保持对方在自己视线内径直向兰州飞去。地上气温零下8.5摄氏度,08:20日出。08:10全机进入视线内,以高度4000米在08:30通过五台山上空,天气晴朗无云,风向340度,风速14米(全航程基本一样)。山西省山川复杂,几乎无法使用地文航行法,10:00飞过黄河,通过葭州进入陕西省。10:30通过横山(怀远),

---

① 信号灯:原文オルジス,aldis的日文,指aldis lamp,即信号灯(signal lamp)。

10:45飞过长城进入绥远省,这一带都是沙漠,草木皆无。11:00在安边堡这里飞过长城,前方海拔2000米、地上高度300米的地方有云,云量10。云上飞行30分钟,11:30的时候天气转晴。宁夏天气晴朗无云。12:05通过海原(海城)北方,进入甘肃省。12:25在靖远北方再次飞过黄河继续向西。12:45指针指向南方,12:55发现黄河。13:00从黄河往南,进入兰州市区西方,指针向东,全机进入轰炸。

第一大队,计量仪高度3800米,第二大队4000米(标高1700米),气速仪125节,预计在13:05到13:06间一次飞过,进行轰炸。轰炸前有一架双发动机飞机,以低高度逃向西方,两架战斗机起飞,轰炸的同时,有一架侦察机起飞,有一架双发动机飞机企图起飞,但是有一个浆停止旋转。地上有敌机,四发动机的装备机一架,双发动机的装备机5架,小型机约20架,各中队一起对其进行了轰炸。

轰炸中有两架敌战斗机(伊-16型)前来攻击我方,但并未让其接近。用机炮攻击迫使其逃走。虽然也有受到高射炮的攻击,但我方并没有受到伤害。

轰炸机各大队集结后返程,飞向太原。天气晴朗无云。14:35经过保安,14:50经过安定。15:00飞过黄河,进入山西省,15:30经过太原。

归航全程高度4500米到4000米,乘员半数都有头痛以及轻微呕吐感。从太原到南苑是直飞。16:55全机着陆。无异状。

各中队实施轰炸如下

中队	轰炸时间	轰炸高度	轰炸目标	记录
(一)	13:05	计量仪3800 实际高度2100	机场飞机	一齐单发两次投弹
(二)	13:06	同上	同上	同上
(三)	13:05	计量仪4000 实际高度2300	同上	同上
(四)	13:06	同上	同上	同上

四、结 果

1.轰炸

中队	轰炸目标	结果
二	机场飞机	破坏小型机 8 架
三		破坏类似机库的设施
四		破坏双发动机飞机两架、小型机两架,
一		有一颗炸弹命中兵营

2.空中战斗

有一架伊-16 型战斗机朝三中队飞来,一架伊-16 型战斗机朝二中队飞来,我方使用机炮反击,两架飞机全部逃走。

3.被害

无

五、战斗后我方兵力现状

第二天都可以继续使用。

96 式陆上攻击机 十七架。

第一、二、三、四中队受弹图 兰州机场(略)

六、所 见

1.因为归途中是加速的,所以很难得到正确的续航能力数字,航程 1360 里,共用时间 9 小时 45 分钟,各机平均还剩 3 个半小时的燃料。

2.去时航行高度 2500 米至 3500 米,归航 4000 米至 4500 米,大部分飞行员,在飞行中或飞行后有头疼疲劳感。电热被服的效果很好,造成以上状况的原因,应该是空气稀薄。

第六章 军事

附表（未抄录）

第一　飞机队编制表

第二　行动图及合战图

第三　死伤者调查表

第四　兵器故障损坏调查表

第五　兵器消耗调查表

第六　燃料消耗调查表

第七　十一月四日天气

附录　电报收发日志

JACAR：C14120279200(1-12)、蘭州飛行場(第1回)攻撃戰鬪詳報(北支第8回)　木更津海軍航空隊　昭和12年12月4日(防衛省防衛研究所)

141　兰州机场（第二回）攻击战斗详报

1937年12月21日

木更津海军航空队

目录

一、形势

二、计划

三、经过

四、结果

五、战斗后我方兵力现状

六、所见

附表

第一　飞机队编制表

111

第二　行动图及合战图

第三　死伤者调查表

第四　兵器故障损坏调查表

第五　兵器消耗调查表

第六　燃料消耗调查表

第七　十二月二十一日天气图

附录　电报收发日志

兰州机场攻击战斗详报

一、形　势

1.所在　南苑基地。

2.可使用兵力　96式陆上攻击机十七架。

3.攻击命令　第一联合航空队命令　木更津部队于本月21日,以中攻(四型)9架飞机于08:00发出信号,攻击兰州。

二、计　划

1.编成及行动任务

指挥官	大队	大队长	中队	中队长	机种机数	任务及行动
菅久少佐	一	菅久少佐	一	小谷少佐	96陆攻3机	攻击兰州机场飞机及航空设施
			二	今村中尉	96陆攻3机	攻击兰州机场飞机及航空设施
	二	铃木少佐	三	铃木少佐	96陆攻3机	攻击兰州机场飞机及航空设施

2.攻击计划

(1)行动计划

①08:00 第二、一、三中队按顺序起飞;

②航路　基地232°300′—黄河、秃尾河合流点247°348′—兰州648′(直飞);

③航行队形;

④在山西省以东进行夜间飞行时,各机全部点亮航空灯、编队灯。

(2)轰炸计划

①使用炸弹　各机250千克。

②目标分配

第二中队　机库及附近设施;

第一中队　机场北侧飞机及机场设施;

第三中队　机场南侧飞机及机场设施。

③轰炸高度　3800米(标高1700米)。

④轰炸时速力　计量仪120节。

⑤投弹方法　一齐单发二次投弹。

⑥进入要领

进入方向　W。

进入队形　以指挥官中队为中心,大致从右边起按照第一、二、三中队的顺序横队进入。

⑦轰炸后的转弯方向　向右。

⑧各队维持紧密队形进行轰炸,也要尽力维持紧密队形撤退。各队在必要的时候可以减速等待队友。

⑨原则上以一次航行进行轰炸。如果有队需要二次轰炸,其他队则在机场北方等待会合,敌机出现,则要尽力和二次轰炸的队伍共同行动。

(3)攻击后的行动

①所有飞机集结,之后经过太原返程。

②出现故障飞机的情况下,直到击退敌战斗机,和各队的战斗机共同行动,必要的时候可以减速。

击退敌战斗机后,根据情况,可以留下故障机其他队先行。

(4)通信联络

各中队一号机下达突击命令,或者指针进入轰炸路线之前,都要打开通信设备。

仅限当日,使用按照附件所说的通信语简称。(附件略)

(5)根据天气情况攻击目标变更为宁夏

目标为宁夏的时候按照如下方案行动。

①保持编队队形侦察机场,各队大致从 N 进入。

②目标分配

第二中队　机场主要设施;

第一中队　敌军飞机及设施;

第三中队　同上;

其他方面以攻击兰州的计划为准。

三、经　过

08:00 九架飞机从南苑基地起飞。地上气温零下十四摄氏度。由于寒冷,有六架飞机的自动操纵装置运作不良(其中五架由于途中气温升高变得可以使用)。09:40 飞行高度 3500 米,飞过五台山北侧。

天气晴朗无云,风向 300 度,风速 25 米,实速 100 节。第一中队一号机起落架不能收回,09:05 恢复。一中队三号机及二中队一号机因寒冷原因,油压计量仪不能上升。前者在中途返回,两机在 09:00 左右油压计量仪状态变好。11:10 左右在秃尾河合流点,全机排成队列。从这时候开始有一阵子都有云,以高度 4500 米在云上飞行,11:50 通过横山。天气晴朗无云。12:10 通过安边堡。这附近一带都是荒漠。13:00 通过平远(豫旺),飞行高度 3500 米。平远、兰州间的地形很多地方都和地图不一样。这次从平远向兰州飞,在 13:30 也不过仅仅从靖远北方飞出来一点点。因此决定避开靖远,右边贴着黄河南下,从东方让指针指向西,再对兰州机场发动突击。13:55 远远就能望见机场,烟尘滚滚,有很多飞机起飞,等到了近处发现敌机 10 架,向我军进攻。各中队维持紧缩队形,毅然决然地按照预定,二中队目标机库附近,一中队目标机场北侧,三中队目标南侧,可以确认的是有六架大型机逃走。机场北侧双发动机飞机四架、小型机两架,西侧中型、小型共六架。14:00 各中队几乎同时间进行轰炸(结果见下一项),立即右转返回。

低高度时可以确认有很多高射炮弹爆炸。敌战斗机最初对外翼的第一、三中队的六架飞机发动猛烈攻击。三中队一号机很早就出现了燃料泄漏，14：06进入回避路线。从右按照第三、第一中队的顺序，第二中队稍迟一些就位左翼。约八架敌机开始对第二中队进行猛击。这时二中队的二、三号机稍微向前一些。我军维持非常紧密的队形，对敌人进行机炮攻击，敌人则以一号机为主要目标，从上下左右对一号机进行连续攻击，我方用猛烈的集中炮火，努力将其击落。14：25 击退所有敌人，第二中队让敌两架飞机起火，确认其中一架坠毁。第三中队击落三架（其中一架不确定），第一中队14：10击落敌机一架。敌机全是伊-16。

第二、第三中队被害情况见其他项，但利用风向，最后都在18：10返回南苑基地。

各中队轰炸设施如下：

中队	轰炸时间	轰炸高度	轰炸目标	记事
一	14：00	2200（实高度）	机场北侧排列成线飞机	一齐单发 二次投弹
二	14：00	2200	机场北侧中央设施	同上
三	14：00	2200	机场南侧排列成线飞机	同上

四、结　果

1.轰炸（参照中弹图）

中队	轰炸目标	结果
一	机场北侧排列成线飞机	三架双发动机飞机爆炸起火。
二	机场北侧中央设施	四枚炸弹命中设施起火，两枚炸弹命中两架双发动机飞机。
三	机场南侧排列成线飞机	两架小型飞机起火，两架双发动机飞机附近中弹，三枚炸弹命中机库爆炸。

第一、二、三中队　中弹图(略)

2.空中战斗

第一中队

14:03和大约六架敌机开始战斗。14:04第一中队击坠敌机一架,确认其起火坠落。14:10击坠一架敌战斗机,剩下的一二架残余敌机,在14:25全部击退。

第二中队

14:04和大约八架敌机开始战斗。接近后对敌两架飞机进行灵敏而又集中的炮火攻击,敌机起火坠落(一架坠毁确认,另一架稍不确定)。其他六架飞机从左右100度的后上方、后下方,利用10至15度的升降舵、方向舵的死角,连续二十多次对我方发动攻击,但并没有让敌机进入他们200米的射击距离。14:25敌机逃走。

第三中队

轰炸后(14:01)四架敌机同时对一二架我方飞机发动多次攻击,经过了大约20分钟的交战,击落其中3架(确认其中两架起火坠毁,另一架略不确定)。

3.被害

第一中队　无

第二中队

一号机:左润滑油槽有一发子弹的贯通伤,油泄漏。左二、四、六号燃油槽各有一发贯通伤,左主翼一发贯通伤,左右螺旋桨各有一发贯通伤,左辅助翼一发贯通伤,左方向舵四发贯通伤,左水平尾翼两发贯通伤,机身左侧一发贯通伤,右车轮及轮胎一发贯通伤,合计十六发子弹。(参照受害图)

二号机:自动机炮子弹有数发贯通了方向舵。

第三中队

一号机:中弹四十八发,第三中队中损伤最大的飞机。

(1)右一、二、五号燃料槽贯通伤。

(2)左二号燃料槽、左润滑油槽贯通伤。

(3)左右两车轮轮胎贯通伤。

（4）右螺旋桨两处,左螺旋桨一处贯通伤。

（5）二号射击筒贯通伤(射手重伤)。

（6）一号筒机炮。

（7）垂下筒贯通伤(射手轻伤)。

二号机:中弹一发

三号机:中弹两发(参照受害图)

受害图(省略)

五、战斗后我方兵力现状

第二天可使用的兵力

96 式陆上攻击机　14 架

六、所　见

（1）以提升中攻队的战地射击技术为主要策略,不过鉴于实施吹流射击训练较为困难,因此采用地上机炮射击训练,效果显著。

本队十二月十五日开始实施此训练,一直到今天,成员都各自完成了六次射击训练。

（2）中攻队在对战斗机战斗队形方面,选择紧缩队形是很合适的。

紧缩队形除了在联合炮火上起到直接作用外,还在气势上压倒了对方,起到了间接作用。

敌战斗机出现的时候,各队需要严格遵守尽快撤退的准则。

交战中保持紧缩队形,各队的紧密合作是必要的,有战斗机的队伍视情况,多次从下方或者上方出动,其他队必要的时候可以减速,组成上下重叠的队形,尽可能地联合发挥炮火的威力。

（3）今天空中、地面的敌机全部都是苏联飞机。

（4）敌战斗机的战斗欲望非常强烈,坚持要向我军发动攻击,且只对一号机集中炮火,来机的目的和以往大不相同。驾驶员全部都是苏联飞行员。

（5）今天的行动中,由于高高度飞行所产生头痛感的人非常多。像中攻这样长时间行动的飞机,无论如何也要装备吸氧器。

附表(略)

第一　飞机队伍编制表

第二　行动图及合战图

第三　死伤者调查表

第四　兵器故障损坏调查表

第五　兵器消耗调查表

第六　燃料消耗调查表

第七　十二月二十一日天气

附录　电报收发日志

JACAR：C14120279300、蘭州飛行場（第 2 回）攻擊戰闘詳報（北支第 14 回）　木更津海軍航空隊　昭和 12 年 12 月 21 日（防衛省防衛研究所）

142　武器输送路线的开通以及中国军的活跃

1938 年 2 月 3 日

有关中国事变各国报纸论调概要（90）（办公参考用、小心使用）

外务省情报部

　　概要　A 中国报纸　依旧是在进行中国军的抗日防御强化宣传，同时报道了西安、兰州之间以及印度与中国云南间开通公路后，可以更为方便地进行武器运输，因此期待陇海线方面的中国军活跃起来。

A 中国报纸　武器输送路线的开通以及中国军的活跃

　　二月一日汉字报纸，随着津浦线明光附近爆发激烈战斗，日本准备派遣二十万大军进攻陇海线。中国以李宗仁军为中心开始加固防御，蒋介石最近在汉口多次召开军事会议以激励各军领袖。（汉口发电）孔祥熙并未彻底放弃"联盟是代表和平与正义的机关"这一希望。交通部次长彭学沛提到，重庆、云南的公路已经在两周以前就开通了,从法国进口武器变得更加方便,因此应该积极建设云南到缅甸的公路。在汉口的外国人的情报,大量的武器被运到兰州,兰州、西安之间的公路已经建设完成,进口武器变得更加方便。报道上也有说期待陇海线方面的中国军活跃起来。(汉口　路透社电)

JACAR:A03024005900(2;5)、概要　(昭和十三年二月三日)(国立公文書館)

143　新疆甘肃间的政治同盟

1938年3月26日

二十六日"德里"(印度)发

《纽约时报》的特电,根据新疆"喀什"地区的报道,当地政权和甘肃省之间缔结有某种政治同盟,这可以看作是苏联在中国进行势力扩张的一种表现,也就是中国当局最近接受了苏联派来的顾问和秘书。有报道称,在新疆省内的"和田""喀什""阿克苏"这三个地方,开始了对十八岁至二十八岁的男子的强制教育,其中包含军事教育。

JACAR:A03024020000(1)、米国　新疆甘肃間二政治同盟(国立公文書館)

近代档案中的甘肃(1883—1944) >>>

144 关于额济纳特务机关员的情况①

（有关日本特务于兰州被处决的记事：1937年）

1938年7月27日

陆满密受第1009号　蒙情发第14号　极秘
关于额济纳特务机关员的情况通牒
昭和十三年七月二十七日
驻蒙军参谋长　石本寅三（寄）
陆军次官　东条英机殿（收）
要旨
一、关东军委托的江崎寿夫等六名机关员，及机关派出的松本平八郎等两名间谍，以及满航公司的井之原邦等两名派驻员，合计十名人员。于昭和十二年十月十一日左右，似在兰州被枪杀。

（中略）

正文
一、目前在天津居住的无国籍俄人斯特潘·伊万诺维·斯米格诺夫(Stepan Ivanovich Smignov)（四十岁）②，约两年前，他负责北中国驻屯军谍报任务，以经商为由在甘肃省（主要在兰州附近）旅行，经兰州—永登—定远营—善丹庙—中公旗，于本年五月十九日回到呼和浩特。据他的报告称：昭和十二年十月十日，本人（指斯特潘，下同）在兰州市公署附近，看到骑马巡警押送着十个人（国籍不明），这些人面有胡须，步行的时候戴手铐脚镣。巡

---

① 有关江崎寿夫等日本特务被拘捕和处刑，请参照：杨兴茂.甘肃抗战事略[J].档案，1995(5):40.王一林.甘肃抗战史实录[J].党的建设,2005(8)9.
② 当时帮助日本进行间谍活动的俄国人。请参照：ステパン・イワノヴィッチ・スミグノフ.コンロン紀行[M].須田正継译.东京：白水社,1968.ステパン・イワノヴィッチ・スミグノフ著.アルタイ紀行[M].須田正継译.东京：日光书院,1946.

120

警很快将这些人从监狱押送到省公署。

翌日,本人听说那十个人被判为日本间谍,随后即遭枪决。这十个人中,有一个身材较高的人泰然自若地走着,给本人留下了特别深刻的印象。

(以下略)

JACAR:C01003367400(1-2)、額済納特務機関員の情況に関する件(防衛省防衛研究所)

145 日本的目的是切断三条道路

1938年10月13日

(十月十三日 法国 Le Temps 报)

本次日本军队从华南登陆,目的是切断为蒋介石军队提供武器和弹药的三条道路,即由新疆、甘肃到达苏联的道路,滇越铁路以及粤汉铁路。切断其中最为重要的粤汉铁路,是他们公认的目的。

JACAR:A03024210300(1-2)、広東攻略ノ反響 仏国 三大通路切断カ日本ノ目的(国立公文書館)

146 日本空军空袭兰州[①]

1939年2月24日

内阁情报二·二十四 情报第2号
成都中国中央通讯社(二十一日)(台湾交通局递信部听取)

---

① 日军当时并未有"空军"一称,仅有海、陆军航空队。此处"空军"为档案原题目,在此直接采用原文的说法。

兰州来电　昨天下午,由九架、十二架、九架组成的三队日本空军,策划空袭兰州,与中国航空队在该市上空交战后,九架被击落。即敌机的第一队到达市边界附近后,中国航空队就对其进行了激烈的攻击,敌机的三台轰炸机立即起火坠落。随后到来的飞机在市郊与中国飞机应战,连续击落敌机七架。在上面的空战中,中国受到的损失是三名飞行兵负伤驾驶,最终机体平安着陆。被击落的九架敌机都是在兰州东郊发现的。敌机将炸弹集中到市教育机关、医院等地,结果导致甘肃省立医院、女子音乐学校、回教徒小学、高等法院等五十多栋建筑物被炸毁,二十多名市民死亡。另外,敌人投下的炸弹总数为七十枚,据观测所报告三十架敌机中,有二十一架返回基地。

JACAR:A03024414400(1)、成都支那中央通信社报(二十一日)(国立公文书馆)

147　日军的兰州空袭状况

1939年2月25日

内阁情报部二·二五　情报第3号
重庆UP新闻电报(二十二日)(台湾总督府交通局递信部听取)

　　重庆中国军代表今天会见记者团时,讲述了日军空袭兰州的情况,如下:

　　二月二十日,日军袭击兰州时,为我军击落八架飞机,其中六架机体已被发现,其余机体目前正在搜索中。被击落的敌机全部为意大利制造的七人乘萨伏亚七九型①,拥有一千二百五十多枚炸弹的搭载力,也在前端配备了一台和后端配备了两台回旋式机枪。在这之外还有六台中型轰炸机组成

---

① 萨伏亚七九型:Savoia-Marchetti SM.79 Sparviero,SM.79"食雀鹰"中型轰炸机。未能查询到日军运用此意大利制轰炸机的记录。

122

的日本空军,于二月二十四日,从位于南部山西省同浦铁路的运城基地出发,向南空袭洛阳。当时一架敌机被击落,但在破坏的机体中发现了誊写印刷的命令书。据此可以判断,这六架飞机是第二航空队的第九十队所属飞机。但是,命令书中如下所述,记载了命令:

(1)所有飞机当天上午 10 点 30 分,在运城机场做好了出发准备;

(2)高度保持在三千米;

(3)投下炸弹时不要下降;

(4)每架飞机携带六枚炸弹,全部同时投放;

(5)轰炸目标为洛阳兵营和两个商业区;

(6)出发时间为 11 点整;

(7)炸弹各重五十公斤。另外,根据命令书的指定,各机为九四型,配备了三台机枪和三台炸弹投放机,轰炸后要拍照。

JACAR:A03024414800(1)、重慶 UP 新聞電報(二十二日)(国立公文書館)

148 日军在华南华中战线上的不活动,以及从华中战线向某些地区的积极运输

1939 年 12 月 3 日

内阁情报部十二·三　情报第 3 号
成都中国台湾方面通讯社国际广播(十一月三十日)(朝鲜总督府递信局听取)

在重庆报纸中,中国军代表向日本记者团表明,华南战线日军的平静,以及华中战线向某方大肆运输军队。由此可知,日本近期可能以切断苏联和中国的交通线为目的,企图实现入侵包括甘肃、宁夏在内的西北各省的野心。日军是选择单线进攻,抑或双线并攻。也就是日军将从目前统治下的绥远省首都归化,向该省西部的五原、临河方向西进,然后南下到宁夏边界,

进而侵入甘肃省靖远,占领兰州。目前兰州已成为苏联和中国交通线的中心。另一条途径是,日军以山西南部、河南北部的黄河北岸为作战基地,从风陵渡①及道清铁路西部开始,对潼关及洛阳同时发起攻击,获得对陇海线的完全控制,进而向西安方向西进,从西安向兰州方向进攻。但是,中国军代表说,中国军队已经在这些道路上,做好了应对日军进攻的准备……(编者注:后文与甘肃无关故省略)

JACAR:A03024383600(1-2)、成都支那中央通信社国際放送(十一月三十日)(国立公文書館)

149 日机空袭兰州时中国方面的受害损失

1940年1月8日

内阁情报部一·八 情报第4号
重庆UP新闻电报广播(一九三九年十二月三十一日)(台湾总督府交通局递信部听取)

重庆来电,周六下午在广西北部柳州上空的空战中,中国的追击机击落了八台日本飞机,其中一台破损飞机被发现,但其他飞机目前正在进行搜查。根据飞行员遗体的制服来看,是从佐世保航空队来的,机型是九十八型飞机。(中略)

(兰州来电)

一、前不久的日本飞机在空袭兰州时,中国遭受的损失目前尚不清楚,估计死伤人数约二百人,经济损失约数百万元。当地的外国教会及传教士等没有伤亡。

二、据西北部空军司令官Pinghun说,在为期三天的空战中,中国方面只

---

① 现风陵渡镇,位于山西省运城市芮城县。

损失一架飞机,而日本方面却损失了九架飞机。另外,在击落的破损机上发现了一名妇女的遗体。

JACAR:A03024544000、重慶UP新聞電報放送(十四年十二月三十一日)(国立公文書館)

150　第一次攻击(兰州、咸阳)

1941年5月21日

目录

一、计划

二、经过

三、成果

四、我军兵力现状

五、所见

附表

第一　飞机队编制表

第二　飞机队行动图、空战图

第三　死伤者调查表

第四　兵器故障损坏调查表

第五　兵器消耗调查表

第六　燃料润滑油消费调查表

附录　电报收发日志

一、计　划

1.所受命令

机密　华中航空部队电令作第四号　明21日按下面记录,实施侦察攻击。

(1)攻击配备　北方队第六配备　南方队第七配备　W时为14:00,M时为12:30。

(2)第一天侦察的起飞时刻改为08:00。

(3)第三天侦察为08:00起飞,按照H.A.C的顺序进行侦察。2.攻击计划

(1)编成及任务

区分	指挥官	中队	中队长	兵力	任务
第二攻击机队	美空①森少佐	一	高桥大尉	21D,22D,23D 美空陆攻9架	轰炸兰州机场
		二	大平大尉	11D,12D,13D 美空陆攻9架	
		三	武田大尉	1D,2D,3D 美空陆攻9架	
第二收容队	元空②福地预备少尉			元空　陆攻4架	轰炸咸阳（除运输机）战斗队收容
				元空96　运输机1架	
	美空　齐藤空曹长			美空　陆攻5架	
				美空　96运输机1架	
第二天侦	十二空　陆侦　一架				
第二侦	十二空　陆侦　一架				
第二战斗机队	十二空　零战③　十二架　陆侦一架				

(2)实施攻击要领

攻击机队攻击法区分

攻击法　要领

---

① 美空:指美幌海军航空队。

② 元空:指元山海军航空队。

③ 零战:指日本三菱零式舰载战斗机。

第零法　大队轰炸；

第一法　全中队轰炸东机场；

第二法　全中队轰炸西机场；

第三法　一、二中队轰炸东机场，三中队轰炸西机场；

第四法　一中队轰炸东机场，二、三中队轰炸西机场。

攻击要领

从15基地直飞靖远。从靖远向北迂回，从西面对兰州进行轰炸（其他参照机密华中航空部队北方队命令作第二号）。

收容队

陆攻队在轰炸咸阳后进行收容配备。

使用炸弹

美空队　各机6号12枚；

元空队　各机6号8枚；7号、6号4枚。

二、经　过

1.普通经过

08∶10　第二天气侦察机15架从基地起飞。

10∶55　攻击队起飞（陆攻27架）。

11∶10　第二侦察机起飞。

11∶45　第二天气侦察机返回。

12∶00　战斗机队起飞（零战12架、陆侦1架）。

13∶15　收容队起飞（美空陆攻5架，96运输机1架，元空陆攻4架，96运输机1架）。

12∶27　黄沙来袭，视野迅速减少，因此战斗机队停止攻击，返程。

13∶35　战斗机队全队返回。

14∶20　收容队轰炸咸阳。

14∶58　攻击队轰炸东机场。

15∶10　收容队返回。

17∶05　攻击队返回。

2.攻击机队经过

10:53　起飞。

12:48　二中队二小队三号机发动机运作不良,返回。

13:55　三中队一小队一号机右发动机破损,变为单桨飞行,返回。

14:08　靖远上空飞行高度6000米,天气多云。

14:35　战斗。

14:42　警戒。

14:52　敌战斗机约十五架出现在左前方,空战开始。

14:58　轰炸兰州东机场(轰炸高度6500米,6号300发),十一小队三号机被高射炮命中爆炸。

15:32　警戒结束。

15:40　战斗结束。

17:05　返回。

3.收容队

13:04　起飞。

13:56　警戒。

14:20　元空陆攻轰炸咸阳。

14:23　美空陆攻轰炸咸阳。

15:07　全机返回(因战斗机队返回,故没有进行收容配备,没有受到空中及地面攻击)。

三、成　果

1.轰炸成果

区分	目标	使用炸弹	结果
第二攻击队	兰州东飞机场	六号300	全部炸弹投向机场南方山麓地区,效果不明
第二收容队	咸阳	六号92、七号六号16	全部炸弹投向市区及仓库,多数着弹点起火,效果甚大

中弹图(省略)

2.空战结果

攻击队轰炸之前和15架E15型进行了空战,但不能确认击落。

3.被害

攻击队轰炸时,十一小队三号机被高射炮直接命中,右翼三号坦克被击中,自爆。

其他被击中飞机5架。

收容队没有受到伤害。

中弹图(省略)。

四、我兵力的现状

第二天可使用的数量　陆攻29架　运输机1架

五、所　见

(1)本作战期间,在兰州附近时常保持五六千米的高度,西北风风速20米,应该在计划上就做出战斗机队和侦察机队进行协同作战的准备。

(2)兰州标高1550米的市区南部,有接近4000米的高山,可以发挥出陆攻的性能,虽然飞机飞行高度很高,但是和敌人的防御火炮的相对高差很小,所以要小心地上高命中率的炮火。

(3)敌战斗机(E15型改)与陆攻队的战斗并不积极,他们的技术也不好,可以确认的是他们当中还有不熟练驾驶的人。

(4)和陆攻队协同作战的陆侦队,在攻击队突击前,侦察到了敌机动态和攻击目标,使得攻击队的突击很容易,所以应该把突击变得容易作为第一目标,从而进行更高层次的训练。

(5)甘肃省、山西省西北部地区的作战,黄沙的影响非常大,所以应该加大气象研究的力度。

附表

第一　飞机队编制表

第二　飞机队行动图、空战图

第三　死伤者调查表

第四　兵器故障损坏调查表

第五　兵器消耗调查表

第六　燃料润滑油消耗调查表

附录　电报收发日志

JACAR：C14120689600、第 1 次攻擊(蘭州、咸陽)　昭和 16 年 5 月 21 日（防衛省防衛研究所）

151　第二次攻击(兰州、宝鸡)

1941 年 5 月 22 日

目录

一、计划

二、经过

三、成果

四、我军兵力现状

五、所见

附表

第一　飞机队编制表

第二　飞机队行动图

第三　死伤者调查表

第四　兵器、船体、机关故障损坏表

第五　兵器消耗调查表

第六　燃料润滑油消费调查表

附录　电报收发日志

一、计　划

1.所受命令　机密华中航空部队电令作第五号　明二十二日南方队按照下面的记录进行攻击，北方队按照指挥官的命令辅助南方队进行攻击。第一战斗机队、第三战斗机队、第五战斗机队，各队以九架零战对○①进行反复空袭，第一战斗队突袭○的时间是14:05,其他队时间则由指挥官决定。

2.攻击计划

（1）编成及任务

区分	指挥官	中队	中队长	兵力	任务
第二攻击机队	美空森少佐	一	高桥大尉	21D,22D,23D 美空陆攻 8 架	轰炸兰州附近敌航空兵力和军事设施
		二	大平大尉	11D,12D,14D 美空陆攻 8 架	
		三	武田大尉	1D,2D,4D 美空陆攻 9 架	
第二收容队	元空　福地预备少尉			元空　陆攻 4 架	轰炸宝鸡（除运输机）战斗队收容
				元空 96 运输机 1 架	
	美空　半泽空曹长			美空　陆攻 5 架	
				美空　运输机 1 架	
第二天侦	十二空　陆侦 1 架				
第二侦	十二空　陆侦 1 架				
第二战斗机队	12 空　零战 12 架　陆侦 1 架				

---

① ○:原文如此,并未有明确写出,应指攻击目标。

(2)实施攻击要领

按照机密华中航空部队北方队命令作第二号的要求(第六配备 W 改为 12:55),攻击机队和战斗机部队在靖远会合,攻击机队从西方、战斗机队径直突入兰州(其他部队攻击和第一面相同)。

(3)使用炸弹

美空队　各机 6 号 12 枚;

元空队　各机 6 号 8 枚,7 号、6 号 4 枚。

二、经过

1.普通经过(使用基地　十五基地)

06:20　第二天气侦察机起飞。

09:30　第二攻击队起飞(陆攻 25 架)。

10:10　第二侦起飞。

10:40　第二战斗机队起飞(零战 12 架,陆侦 1 架)。

11:15　收容队起飞(陆攻 9 架,运输机 2 架)。

13:20　收容队(除运输机)轰炸宝鸡市区及仓库群。

14:20—14:25　第二攻击队轰炸兰州市区东机场及赵家堡机场。

15:10　第二战斗机队航行方法错误,未到达兰州基地,只得着陆在十五基地。

16:00　第二收容队返回。

16:40　第二攻击机队返回。

2.攻击机队经过

09:30　从十五基地起飞。

12:35　靖远上空,虽然接收到了第二引诱侦察在 12:15 的发往靖远的电信,但还是无法和战斗机队会合。

12:37　第二攻击机队指挥官对第二引诱侦察发送"行动通知"的电信后,由于战斗机队行动不明,所以攻击队在兰州北方待机。

14:00 通过引诱侦察,得到了第二战斗机队的攻击报告,所以决定攻击。

在兰州西方迂回,看到赵家堡机场有数架敌人的小型机,让第三中队分散轰炸。

  14:20 第三中队轰炸赵家堡机场。

  14:24 第二中队轰炸兰州市区。

  14:25 第一中队轰炸兰州东机场。

  14:45 在靖远上空各中队会合后返回。

  16:40 返回。

  空战 第三中队和敌战斗机(E16型)交战。

  地上火炮 第一、二中队在兰州上空受到猛烈的高射炮射击。

3.收容队经过

  11:15 起飞。

  11:30 2/3D 发动机情况不良,返回。

  13:15 轰炸宝鸡市区、仓库群。

  14:00 进行收容配备。

  16:00 返回。

  空战 没有地上火炮。

三、成　果

1.轰炸成果

区分	目标	使用炸弹	结果
第一中队	兰州东飞机场	六号96	全部炸弹命中部分兵营和飞机场
第二中队	兰州市区	六号96	全部炸弹命中市区中心
第三中队	赵家堡飞机场	六号108	以密集的弹幕攻击小型敌机2架
第二收容队	宝鸡仓库群及市区	六号80, 七号六号16	全部炸弹命中起火

2.空战成果

  第三中队轰炸时,和一架 E16 型战斗机交战,我方有一架中弹。

3.我方被害

由于空战有一架飞机中弹,除此以外没有被地上炮火命中。

被害情况

M-308号　27.7毫米大小的子弹从右螺旋桨后下方命中,发生跳弹后,贯通右边一号燃料槽。

中弹图(省略)

四、我方兵力现状

陆攻30架　运输机1架　可以使用

五、所　见

(1)战斗机队和诱导机间的通信(电话联络)不良,因此战斗机队和攻击队无法合流,导致作战目的大半没有达成,非常遗憾。战斗机诱导机现在是用作陆地侦察,居于现状的话很容易碰到困难,所以应该根据情况,给这种功能的飞机配备三座机一类的性能优秀的飞机。

(2)攻击队独立对敌人防空设施严密阵地的攻击,根据的是去年开始实施的所谓"粘黏"战术的一种。这次采用此方法,能够在赵家堡紧抓2架飞机进行攻击,希望可以参考敌机优异的性能,对这种战法做出进一步研究。

附表(省略)

第一　飞机队编制表

第二　飞机队行动图、空战图

第三　死伤者调查表

第四　船体、兵器、机关故障损坏调查表

第五　兵器消耗调查表

第六　燃料润滑油消耗调查表

附录　电报收发日志

JACAR：C14120689700、第 2 次攻擊（蘭州、宝鶏）　昭和 16 年 5 月 22 日（防衛省防衛研究所）

152　第四次攻击（兰州、咸阳）①

1941 年 5 月 27 日

目录

一、计划

二、经过

三、成果

四、我军兵力现状

五、所见

附表

第一　飞机队编制表

第二　飞机队行动图

第三　死伤者调查表

第四　兵器故障损坏调查表

第五　兵器消耗调查表

第六　燃料润滑油消耗调查表

附录　电报收发日志

一、计划

1.所受命令

（1）机密　华中航空部队电令作第 11 号（五月二十六日）

①北方队根据指挥官的命令击破 M 方面的航空兵力。

---

①　第 3 次攻击是对西安进行的（参照 JACAR：C14120689800 文书），因此省略。

135

②二十一基地地面部队根据明天 27 日指挥官的命令进行○方面的侦察。

2.攻击(收容)计划

(1)编制及任务

区分	指挥官	中队	中队长	兵力	任务
第二攻击机队	美空森少佐	一	美空高桥大尉	21D,23D,24D 美空陆攻 8 架	兰州附近所在一、击破敌航空兵力二、轰炸机场
		二	美空大平大尉	11D,12D,13D 美空陆攻 8 架	
		三	美空武田大尉	1D,2D,3D 美空陆攻 9 架	
第二收容队	美空白井中尉	一	美空白井中尉	美空陆攻 4 架,运输机 1 架	轰炸咸阳附近仓库(缺运输机),收容战斗机队
		一	元空福地予少尉	元空陆攻 4 架,运输机 1 架	
第二天侦	美空 96 运输机(又陆攻)1 架(十二空侦察员同乘)					
第二侦	十二空　陆侦 1 架				
第二战斗机队	十二空　零战 8 架　陆侦 1 架(第二诱侦)				
第四战斗机队	十二空　零战 12 架　陆侦 1 架(第四诱侦)				

(2)攻击计划

各队行动时间如下：

部队	⑮	兰州	咸阳
第二天侦(96 输)	06:00	08:45	
二侦	10:00	12:55—13:40	
二战/二诱侦战(8)	10:45	13:00—13:55	14:10—14:55
二收(9)	12:00		14:00—17:10
九六输(2)	13:00		14:00—17:10
二攻	08:35		
四战/四诱侦战(10)	12:15	14:25—15:25	15:40—16:40

(3)第二攻击机队攻击要领

攻击法　要领

第零法　轰炸兰州东机场

第一法　赵家堡机场　击破当地新的飞机

第二法　西机场　击破当地新的飞机

第三法　东机场　击破当地新的飞机

第四法　唐汪川机场

第五法　榆中机场

根据第二侦察机发来的敌情,第二战斗机队进行相应策略的攻击。

兰州附近机场在没有敌人飞机的情况下,按照攻击法第〇法,对东机场进行地毯式轰炸,之后让敌人逃向空中。第四战斗机队让敌机着陆困难。根据天气情况战斗机进行收容配备。

(4)第二收容队攻击和收容配备要领

12:00起飞,轰炸咸阳附近油仓库后进行收容配备。配备要领根据机密华中航空部队北方队命令作第二号要求。

(5)使用炸弹

攻击机队　各机　七号六号3枚、六号9枚;

收容队　　各机　七号六号3枚、六号5枚。

二、经　过

1.普通经过(使用基地:十五基地)

06:25　第二天气侦察机起飞(美空陆攻1)。

08:00　第二攻击队起飞(美空陆攻24架)。

10:00　二侦起飞。

10:45　第二战斗机队起飞(十二空零战8、陆侦1)。

12:00　第二收容队起飞(美空陆攻4、元空陆攻4)。

12:10　第四战斗机队起飞(十二空零战 11 架)。

12:58　第二攻击队轰炸兰州东机场(攻击第〇法)。

13:00　运输机起飞(2)。

13:02—13:25　第二收容队轰炸咸阳仓库群。

15:10　第二攻击队返回。

16:00　第二战斗机队返回。

17:00　第四战斗机队返回。

17:15　第二收容队全机返回。

2.第二攻击机队经过

08:50　起飞。

11:40　战斗。

12:20　警戒。

12:45　各飞机场没有敌机,决定轰炸兰州东机场,下令按照攻击法第〇法攻击。

12:58　轰炸兰州东机场(轰炸高度 6900 米　炸弹七号 72 发、六号 216 发)。

13:10　警戒解除。

13:50　战斗解除。

15:10　返回。

没有空战。

3.第二收容队经过

12:00　起飞(美空陆攻 4、元空陆攻 4)。

13:00　运输机(美空元空各 1 架,美空陆攻 1 架起飞,进行收容配备)。

13:00　咸阳上空。

轰炸经过

区分	时刻	轰炸目标	轰炸高度	使用炸弹
第一中队（美空队）	13：12	咸阳站西方仓库	4000 米	七号 11 发、六号 17 发
	13：25	同上	同上	七号 1 发、六号 3 发
第二中队（元空队）	13：02	同上	同上	七号 6 发、六号 12 发
	13：12	似乎是咸阳站东方工场	同上	七号 6 发、六号 12 发
	13：45	收容配备完成		
	16：10	解除收容配备，返回		
	17：15	全机返回		

三、成　果

1.轰炸成果

（1）第二攻击机队

七号六号 72 枚、六号 216 枚全部命中兰州东机场。

（2）第二收容队

区分	目标	使用炸弹	结果
第一中队（美空队）	咸阳站西方仓库	七号 11 枚、六号 17 枚	一部分命中
	同上	同 1 枚、同 3 枚	全弹命中起火
第二中队（元空队）	同上	同 6 枚、同 12 枚	全弹命中起火
	咸阳站东方工场	同 6 枚、同 12 枚	没有命中

中弹图（省略）。

四、我军兵力现状

明日可使用数量　陆攻 29 架　运输机 1 架

五、所　见

逃跑迅速的敌机被少量战斗机陆攻紧追，是由于将战斗机队分段配备，第一次攻击是陆攻队和战斗机队几乎同时进入,地上的敌机飞往空中,虽然是一时逃跑了,但是只要他们没有跑远,那么在他们返回基地的时候,我们就可以抓住他们进行击破。运用此法,当很多机场分散的情况下,可以用中攻队的炸弹让机场一时无法使用,然后将机场上待机的飞机击破。

附表（省略）
第一　飞机队编制表
第二　飞机队行动图
第三　死伤者调查表
第四　船体、机关、兵器故障损坏调查表
第五　兵器消耗调查表
第六　燃料润滑油消耗调查表
附录　收发电报日志

JACAR:C14120689900、第4次攻擊（蘭州咸陽）　昭和16年5月27日（防衛省防衛研究所）

153　监院战区第二巡察团抵宁

1942年7月12日

（兰州十四日电）

宁夏监院战区第二巡察团一行月前自需抵宁。预定八月中完成各县巡察工作后转赴绥西。

JACAR:C13050150700、監院戰区第2巡察団抵甯　華文放送　昭和17年7月12日（防衛省防衛研究所）

140

154　监院战区第二巡察团转陕

1942年8月24日

(兰州二十四日电)

平凉讯监院战区第二巡察团一行月前赴宁夏、绥远。工作历两省十组，于十七日已抵平凉转陕。

JACAR:C13050151000、監院戦区第2巡察団転峡　華文放送　昭和17年8月24日(防衛省防衛研究所)

第七章

其 他

155 各国对中经营现状附表[①]

1920年5月31日

一、住民相关各表

参谋本部(大正九年五月三十一日调)

(一)附表第一 其一 中国(甘肃省)所住各国人一览表(大正八年十二月末调查)

甘肃省	
英国	61
美国	11
法国	2
比利时	10
挪威·瑞典	14
合计	98

---

① 有关20世纪初期在甘肃省的外国人,尤其是基督教的传教情况,请参照:刘兴华.兰州教区史探[J].中国天主教,2000(3):45.何乐文.1922—1953年间甘肃、青海和新疆的"圣言会"传教使团:书目研究[J].梁俊艳,译.中国边疆民族研究,2010(1):381-404.刘志庆.西北地区天主教的教区历史沿革述略[J].中国天主教,2017(5):56-60.

(二)附表第一 其六 甘肃省所住各国人一览表

兰州	英国传教士3　其他15(5) 比利时官吏1　传教士1　其他1(1)	包括3名医生。英国在兰州设立了英语学校和医院,学生男50、女30。比利时官吏指盐务局顾问
凉州(武威)	英国　传教士1　其他1(1) 法国　传教士1 比利时　传教士2	有比利时的基督学校,有医疗活动
河州(临夏)	英国　传教士2	
伏羌(甘谷)	英国　传教士1　其他3(1)	
西峰镇(酒泉)	英国　传教士2　其他3(1)	有英国的基督学校,学生30~40名
狄道(临洮)	英国　传教士1	
天水	英国　传教士3　其他5(2) 瑞典　传教士2　其他4(2)	有英国学校,学生30~40名,有进行福利医疗
岷州(岷县)	英国　传教士1　其他5(2)	
泾州	英国　其他2(2) 挪威　传教士1	
陇西	美国　传教士1　其他3(1)	
平凉	美国　传教士2　其他5(2) 瑞典　传教士1　其他4(1)	有美国的福音堂病院
甘州	比利时　传教士2	
新城	比利时　传教士1	
清州	瑞典　传教士1	

注:括号内指女性人数。

除此之外,还有日本牙科医生前田与吉在兰州①。在大正八年,还有美

---

① 前田与吉(良齐)在兰州一事,可参见副岛次郎.アジアを跨ぐ.东京:白水社,1987:68-70.

国人,男两名;瑞典人,女两名;比利时人,女一名,在省内及青海地区进行旅行调查。还有在兰州及羊毛产地的英美洋行派出机构中,也有时不时前来检查的派出人员。

二、社会文化相关设施诸表

附表第三　其一　在中国各国社会文化设施一览表

（一）甘肃省

	英国	美国	法国	比利时	瑞典	挪威	合计
学校	5	1		1			7
医院	4	1		1			6
宗教	11(52)	2(12)	0(2)	5(8)	3(7)	1(2)	22(83)

原注:宗教一栏的数字指教会堂的数量。括号内指传教士的数量。

（二）甘肃省所在各国文化设施

第七章 其他

1. 英国

	兰州	宁夏	西宁	凉州	河州	伏羌	西峰镇	狄道	天水	岷州	泾州	合计
学校	语言学校及教徒学校	1		1				1		1			4
	小学									1		1
医院	慈善医疗												
	其他	1		1						1			3
宗教	教会堂	1	1	1	1	1	1	1	1	1	1	1	11
	牧师数	5(2)	2(1)	5(2)	2(1)	2	2(1)	3(1)	1	5(2)	3(2)	2(2)	32(14)
	信徒数	约1000	未满100	100左右	30~40	14~15	约200	约100	20~30	150~160	不明	20~30	1500~1600
宣传	宣传	经常发布传单,并且利用语言学校	经常发布传单	同左,设立教堂布教	经常发布传单	同左	同左,设立教堂布教	同左	同左	同左	同左	同左	
其他	其他	有一名牧师去督军家里给他的长子教英语以图接近督军											

145

除了省内的五六个县城外,各县城以及大一些的镇子都有福音堂。在兰州、天水等地的基督学校都有中国牧师在那里学习教义。外国人牧师有时会来布教。

2.美国

		陇西	平凉	合计
学校	语言学习和教徒学校		1	1
	小学			
病院	慈善医疗		1	1
	其他			
宗教	教会堂	1	1	2
	牧师数	2(1)	4(2)	6(3)
	信徒数	50~60	70~80	120~130
宣传	宣传	经常发传单,也有利用语言学习	经常发传单	

3.法国

法国仅在凉州、西宁的比利时人主管的天主教堂中各有一名传教士。

4.比利时

		凉州	兰州	甘州	宁夏	新城	合计
学校	语言学校及教徒学校	1					1
	小学						
病院	慈善医疗	1					1
	其他						

续表

		凉州	兰州	甘州	宁夏	新城	合计
宗教	教会堂	1	1	1	1	1	5
	牧师数	2	1	2	2	1	8
	信徒数	约3000	400~500	40~50	40~50	30~40	3500~3600
宣传	宣传	发传单及利用语言学校宣传	发传单	同左	同左	同左	

5.瑞典

		天水	平凉	清水	合计
学校	语言学校及教徒学校				
	小学				
医院	慈善医疗				
	其他				
宗教	教会堂	1	1	1	3
	牧师数	4(2)	2(1)	1	7(3)
	信徒数	50~60	60~70	30~40	
宣传	宣传		发传单		

6.挪威

		宁夏	泾州	合计
学校	语言学校及教徒学校			
	小学			

续表

		宁夏	泾州	合计
医院	慈善医疗			
	其他			
宗教	教会堂		1	1
	牧师数	1	1	2
	信徒数		50~60	
宣传	宣传	同左	同左	
其他	其他	有比利时的天主堂		

JACAR：A04017277400（14；54）、单行書・陸乙六五・各国対支経営ノ現況附表（国立公文書館）

156　甘肃羊毛

1920年12月20日

大正九年十二月二十日　记录第二部接收
成田中佐稿

目录

一、前言

二、甘肃的牧羊

（一）饲育法

（二）剪毛

三、青海的牧羊

（一）饲育法

（二）产地

（三）剪毛

（四）肉

（五）皮

四、羊的种类

五、产额及价格

六、集散地

  七、上市时间   十一、汇款
  八、品质   十二、三联单
  九、洋行   十三、打包及搬运日数
  十、收购方法   十四、结语

一、前　言

  甘肃省邻接陕西、四川、青海、新疆各省，鄂尔多斯、阿拉善、额济纳地区，总面积十二万五千四百八十三方哩（译者注：1方哩＝2.59平方千米），为中国第三大省。黄河从甘肃省的东南流向西北，山丹、南山、大道这三大山脉，从西北并行向东南延伸，其高达万尺，而且由于这些山脉生出许多支脉，甘肃省除了少许的平地成为山谷外，其他地方都是贫瘠不毛的沙漠和山岳。因此甘肃省人烟稀少，人口仅有两千零三十八万六千，平均"一方哩"八十二人，是中国人口第二少的省份。

  甘肃省由于交通不便，所以此地尚未开化。当地人并非从事极为繁杂的农耕工作，而是过着放牧家畜、纵情山水的生活。因此羊毛作为住民唯一的生计，其产量是很高的。

  笔者若想在这里论述甘肃的羊毛情况，自然是要并提青海、蒙古的畜牧业。因此如果要详细地记述这些内容，应该多花时间学习专业知识。故笔者在这里仅仅记录旅行期间所见，希望可以作为再次调查的基础。

二、甘肃的牧羊

  虽然在黄河、湟河、大通河流域以及各山脉的草地都有放牧，但是牧草丰富程度还是比不上东北部和西南部。而且农业作为副产，其规模是很小的。饲养数少者有四五十头，多者有两百头，虽然更甚者有数千头，但那都是个例。不仅如此，甘肃省也像青海地区的蒙蕃人[①]那样，其饲养方法是不合理的，羊毛的质量非常差。主要产区是西南地区，即和青海邻接的西宁一带（译者注：写作当时西宁地区是甘肃省的一部分），东北部的海城一带则是

---

① 指蒙古人和西藏人。

次要产区。

（一）饲育法

交叉使用禾本科生长的山岳倾斜面和富含盐分的平野作为牧场是较为合适的，而湿润的芦苇或者杂草丛生的土地是不适合做牧场的。在春、夏、秋，草叶繁茂的季节，人们白天在村落附近的山间进行放养，到了晚上就把牲口赶回村里的羊圈。一般来说，东北部的牧草是不够的，只有秋天才能让羊在地里吃个够，其他季节则是少量时间放养在山野，大部分时间在圈内饲养，喂以谷子的秆和根。因此冬天最冷的时候，虽然不用担心羊在山中被冻死、饿死，但是由于是圈养，冬天可以梳毛的机会很少，所以这些羊身上品质最高的细毛很少，几乎都是又粗又短，长二三寸的毛。这些毛被称作园子货，和大厂货（青海产）比起来品质就差了很多。

（二）剪毛

剪毛是在春、秋两季进行的，春天主要是在旧历四月、五月，秋天主要是在旧历九月、十月，春天剪下来的毛被称作套毛，秋季则被称为伏毛。春毛主要是拿去出口，秋毛的品质比春毛要差一些，也更粗更短，所以被用作绒毯的原料而供给地方。除此之外，羊或山羊的细毛是用手或者工具进行采取的，被称作抓毛，这种毛是深受人们喜爱的，但是抓毛的量是非常少的。普通春毛的剪采量是 0.75 斤，秋毛则差不多半斤。

甘肃省绵羊和山羊混养的情况较多，山羊占两三成至五六成。这里的贫困居民大多以山羊肉为食。有关山羊毛的情况后文再记。

三、青海的牧羊

青海地区不论山岳还是平野，都富含牧草，是最适合牧羊的，实际上有中国第一牧场之称。住民一年四季都在随着自然的变化放牧，经常跟着水、草的足迹迁移，他们就是所谓的游牧民。一户人家的羊有七八百头至两三千头不等，多的还有上万头。

（一）饲育法

一个人负责四五百头，有一只牧羊犬作为主人的助手，夏天经常在数百里外的山间放牧,两三个月都不回家。等九月份山顶渐白,慢慢盖满了积雪,这才下山,回到平野和山谷中的过冬地。过冬地一般选择树林旁的峡谷或者村落树林边上的平野地区,找一处可以躲避风雪的场所,或依洞穴,或建石土屏,或用木材保护自己。一方面是避寒,另一方面也要多选择自然生成的比较容易防暴风雪的溪谷地带进行休养。羊群经常在这样的自然避寒地过冬,因为天气寒冷,这些羊的羊毛都是细毛。这些细毛被称作大片,也就是最受欢迎的大厂货。其品质极佳,被称作中国第一羊毛的原因就在此。人们总说这是甘肃西宁毛,其实是对青海产的羊毛的误称。一般来说,毛长四五寸至五六寸。青海羊毛不像其他地区所采羊毛是零碎的,而是全身的毛仿佛像一整片一样,故称之为大片。

青海的蒙蕃人,将羊奶挤好后,小心保存在村落附近的牧场中,冬天天气恶劣不能远牧,便在此处饲养。牧羊最害怕的就是冬天降雪太多,夏天又没有合适的降雨量让牧草成长充分。降雪只有一二尺的话,羊可以自己挖草吃。等中午雪融化了,第二天再冻成冰,就要先放牛和马,等它们把冰踩碎了,再开始放母羊,之后是小羊。牧民一般就是这样躲避雪灾,不过若想要饲养大量的羊,这种万般无奈的做法说到底还是不合适的,羊经常容易陷入营养不良而冻死。赶上牧草不足的年份,羊很虚弱,根本扛不住严寒,一夜破产的事也不在少数。

(二)产地

青海有名的产地有刚咱、千布篆、都受、完受、鲁仓、汗什代、阿里克。进入青海的路,一条是札漠城路,一条是福海寺路。

牡牝的比重大概是二十头中有一头牡,也就是山羊占百分之五到百分之十。混养山羊的原因是绵羊在改变牧地的时候,需要山羊作为领导者。

交配期是在旧历的二三月以及八九月,一年两次。因为寒冷,羊羔冻死的情况时有发生,所以大多是秋季交配,春季分娩,这样安排时间是比较好的。牧草丰富的地方是有一年分娩两次的情况,不过大多都是一年一回,旧历八九月交配,第二年一二月分娩。一次的分娩数一般是两头,有时会生三头。因此一年分娩两回的地区,其地居民无须数年就可以屯得万贯家产。羊羔的成熟期需要六个月左右,牝羊由于分娩的原因,在生下小羊后身体会变得肥胖,所以就变成了食物,如果不是用作食物,也会因为要取羊皮所以在生产后两三个月就被杀了。一只羊的生命周期一般是八九年,四年以上的羊,其肉太瘦,味道也不好,毛也会变得又粗又大,所以最多三四年的时候就杀了,五年以上的羊是很稀少的。剪毛一年一次,一般是旧历五月之后开始动工。

(三)剪毛(下略)

五、产额及价格

……

除了上面说的地方,还有庆阳、泾州、泰州、巩昌、阶州的羊毛向扬子江、汉口输出,总量说是500万斤也不为过。

价格

价格免不了随时变动,最近几年价格暴涨。

西宁　100斤　13两①
河州　同上　15两4勺
凉州　同上　13两
中街　同上　10两
宁夏　同上　14两

这些市场,一直到两三年前都还是七八两。受到欧洲战乱的影响,有哄抬市价的成分在里面。一直以来,羊毛的利润是以前一百斤挣十两,近年来竟然涨到了五六万两。所有来赊账的老客户,一百斤羊毛都只能拿到百分之八十,即八十斤。

公平秤量　一勺一分
公买所　买家一两卖家一两
旅店及歇家口钱　后价　二分口钱

---

① 此段文字中的计量单位均为日本制,1斤=600克、1勺=3.75克,为保持档案原貌,予以保留。

干燥土破筛　十五匁

打包运送费　六匁九分

除此之外,上货、卸货、搬运费也要计算:

西宁丰镇间搬运费　骆驼八两　水路七两。

京绥铁路以及京奉线北京天津间的搬运费也要加算。

公平秤　丹噶尔、西宁等地政府都有设立公平秤。在商品进行交易的时候,可以在公平秤上称。作为手续费一般是一百斤需要银一匁一分。

公买所　甘肃皮毛公买所,以三联单的形式购买甘肃省出口的大宗商品——羊毛。因对一省的财政有很大影响,于是在民国元年就有设置专门向毛皮买卖者进行征税的特别机关。

六、集散地

上述的羊毛大部分都集中到了西宁洋行的分店。毛店子、歇家、歇子等以此为根据地而活动。

丹噶尔原在西宁的西方九十支里的青海甘肃交界处,四面被山围绕,形成盆地。乾隆年间最开始是作为和蕃人进行互市的场所而开设的,民国二年设湟源县为最新的市场。人口有一万人,市场繁荣。设有外地商人的分店,知道对青海贸易有不利因素,所以逐渐开始使用银圆。管理羊毛的人称为歇家、歇子,大多是没有本金的壮工,基本上没有信用可言,只有马老互有本金二万余两,还算比较可信的。

鲁什尔也是羊毛集散地。不过因为这里是喇嘛黄教的开祖墓庙所在地,所以比起商业,金达寺的名气更大。

西宁在离兰州四百三十华里,离湟州很近的南北两河的合流点处。南北两河离得很近,向西远望昆仑山的支脉,东临湟河平原。向东经过兰州和平蕃,通往陕西、山西,向西经过青海,可达西藏。北是往大通,南是往贵德、河州的要道,水路四通八达,是青海贸易的中心。青海的羊毛贸易必定通过此地,所以此地的羊毛商人络绎不绝。因此这里的羊毛交易是甘肃省第一,凡是甘肃的羊毛商人都不会忘记这里。这里的交易量达到一年五百万斤,通过这里的货物总量决不下一千万斤。各洋行都以此处为根据地。

平蕃作为从西宁走陆路到中卫和五方寺的必经之地,成为平蕃河、大通河附近的羊毛集散地,数量不是很多。品质和青海货相比并不差,有甘肃第一之称。

中卫有黄河泛舟之便,再加上东南有大平原,所以成了羊毛的集散地和通过地,不过其实东南一百华里的宁安堡才是实际的集散地。这里有仁记、新泰兴的分店,也作为上游五方寺的船厂而有名。这个地方的羊毛品质最差,不过很少混有水泥和砂土,基本都是直接从当地人手里买,据说是比较安全的购买方式。

宁夏有阿拉善、鄂尔多斯的一部分,也是羊毛集散地。不过这里是金融中心,现货的集散很少,都是直接用骆驼进行运输。据说市场里仅有五万、十万斤的货。

石嘴子是黄河船只的西方要冲,上下航行的货物都要在此地接受税局的验货。因此各洋行都在此地设有分店,在验货同时进行打包、改装、干燥、筛土砂等活动,盛况连年。据说每年这里要汇集十万斤羊毛。而且从西宁的下碾伯泛舟来到这里,羊毛往往会被打湿变色,所以也经常在这里卸货晾干。

七、上市时间

青海的话,正如前文所述,上市时间要比剪毛时间稍迟,一般每年的七月末开始,十月达到顶峰。甘肃的话,各地分为春秋两期,春毛是旧历五六月,秋毛是十、十一、十二月。

八、品　质

产地和集散地大多都分隔在相距较远、交通不便的地方,运输大概要花十天到一个月的时间,途中雨多潮湿,多年前要等这些湿气干燥后,才能进行售卖,现在由于需求量的增加,买家竞争严重,因为湿气所产生的损失,就由买家进行承担。这之中有很多奸商将土砂混杂在其中,品质不可同日而语。而且正如前文所说,青海产的羊毛在剪毛的时候混杂有山羊毛,有时会有山羊的粗毛混迹其中,不得不进行选毛作业。当地人尚未有选毛和分级的认识。像澳洲货那样对羊毛进行分类的做法,是连做梦都想不到的。

九、洋　行

洋行 20 年前开始从事甘肃省的羊毛买卖,其名号如下:

怡和	Jardine Matheson Co.	英商
平和	Liddell Bros. Co.	英商
高林	Collins & Co.	英商
太古	Butterfield and Swire.	英商
新泰兴	Wilson & Co.	英商
仁记	William Forbes & Co.	英商
瑞记		德商
兴隆		英商
天昌和		英商
聚立		英商
礼和		德商

瑞记、礼和等德国商行,由于欧洲战乱的原因被驱逐出了市场,怡和、高林、太古、天昌和也撤走了,现在留下来的只有新泰兴、平和、仁记、聚立。兴隆的牌子也有见,不过生意惨淡。这些洋行在羊毛集散地设置有分行,从事交易的监督工作。以上洋行通过长年的经营和努力,在当地站稳了脚跟,不会轻易离开。在贸易竞争中卷铺盖走人的,就是上面所说的那些洋行。而且这些分行的负责人都是买办的手下,洋行任用承包商是为了迎合中国商人的习惯。各地洋行揭牌首先要有十几人作为店员,其次要听当地有头有脸的大户商人的话,还要和官界扯上关系,这样才能飞黄腾达。利益丰厚是因为外国人给的面子和恩惠,还有一些当地知识分子的帮衬,所以洋行成立之后花的钱也不少。分行是直接由洋人监督的,所以外派员仅仅停留在视察和监督方面,对于收购并没有任何指挥权。现在新泰兴、仁记的洋人奔走于各个集散地,为今年交易额的扩大而努力着。在当地洋行的信用一年比一年高,哪怕是一村一户的羊毛也要进行系统的收购,决不允许其他人加入

交易,如果以后日本商人也想要加入本地的交易,那必须要做好碰壁的准备。

还有值得记录的就是宣教士。他们一方面是谍报机关的人,另一方面和羊毛交易也有关系。他们深受当地信徒们信任,也能说一口流利的本地话,他们在这里住了很久,完全融入了当地的风俗习惯,担任商人们的引领者,经常带着那些想要扩展商业范围的洋行的外派员(中国人),借宗教之便向信徒们引见这些商人。在生产者和商人的交往中,他们采用各种手段,可以看到他们活跃的身影。他们这些宣教士实际上是在中国内地,作为宗教家在政治、外交、经济等方面活动的人。

十、收购方法

洋行的买办是在保证金或者地方资产家的保证下,成为洋行买卖货物的代办的。承包人垄断了收益,拿到了提成。

原产地派出员都在买办的手下工作,有拿工资的,有吃回扣的,不过多数都是受雇拿工资的。

通过以上组织形式,从大到小,从出口港到集散地、原产地,秩序井然。

而且收购方法是按照中国商人的想法制定的,在西宁进行收购,所谓的大贩子大多都是中国人,他们在西宁开店,然后和产地进行联系;还有所谓的小贩子,他们则是使用中间人进行收购;还有一种则是买家往原产地派人,委托当地的歇家进行收购。

第一种方法很安全,手续也很简单,可以验货之后再进行收购,虽然风险小,但是价格高,而且也没法大量收购。第二、第三种方法,从大贩子以及歇家那里收购,人们几乎都在使用这种办法,不过都要先交押金。因此如果不知道对方的信用程度,那么很容易导致亏损。据说现在某个洋行有五十万两的赤字,该洋行已经不堪重负。

大贩子有相当多的资产,而且通中国话,以和蒙蕃人往来的小贩子为手下进行收购。

歇家中有资产的人不在少数。其中通蒙蕃语,有店员,进行物物交换或者通过其他方法深入青海产地进行收购的歇家也不少。因此想大量收购的话,也不得不依靠歇家,其中的风险已经在前面说过了,故在收购时必须要十分小心。收购价格也受到伦敦市场或者说世界市场波动的影响,这种影响会到达这些山村的蒙蕃人,令人不禁感到"东西"和"远近"的概念在这种时候是没用的。

十一、汇 款

中国的汇票由于复杂的货币制度显得非常混乱,这就导致了大额的汇兑费和损失。如果想要运输大量资金的话,只能进行现金运输。现金就是银子或者银块。重量过大而且容易遭到土匪的袭击,因此洋行将大部分棉丝、棉布送到产地附近的羊毛集散地,然后再将货物卖给产地的店铺,几经辗转终于可以买到羊毛。虽然基本都是用现金购买,不过只是偶尔想要购买山间的偏僻庄园或者开垦新土地的时候才会用到现金,一般都是利用交易汇聚处完成交易。

正因如此,从都市的大商店派遣值得信赖的人去产地进行联络的情况很常见。

十二、三联单

中国内地各个地方都有对贸易收取厘金税,非常繁杂而且数额巨大,造成了很多贸易上的损失,因此各国和中国缔结的通商条约中有一个特点就是三联单。

以本地特产出口为目的,在输送到出口港之前,预先给海关通报其物产的预定数额,然后海关为了征收出口海关税而发行的,就是三联单,也就是免税票,期限三年。甘肃一个做羊毛买卖的洋行,一年大概需要三十枚三联单,一枚的数量,大的有两三万斤,小的有五千斤。

不过,正如前面说的,有公平秤和公买所等课税。有这个三联单的商人当然是不能拒绝这个条约的,因为无法和很远地方的外国人直接联系,也没法获得领事保护,所以各洋行基本都对这个课税是默认的。

十三、打包及搬运日数

打包的话,将羊毛搓成直径三寸的绳子,然后晾干,用它进行捆扎,120~130 斤为一捆,用来捆包麻袋,120~130 斤为一包。搬运日数如下:

水路
从西宁的下碾伯到石嘴子	20 天
石嘴子到包头间	10 天
包头到丰镇间	陆路 10 天

陆路
西宁到石嘴子间	1450 华里
石嘴子到包头间	800 华里
包头到丰镇间	710 华里
包头到张家口间	1100 华里

陆路是从西宁用骆驼直接运去张家口。近年来,随着京绥铁路开通,大部分都运到了丰镇。到张家口一般需要 45 天,有时候还要五六十天。到丰镇需要 30 天,有时免不了增减时日。

说甘肃的物资,必须要说包头。包头在山西省西北端的位置上,是通往甘肃省的北路要冲。东南 12 华里的地方有南海子码头,有黄河泛舟之便,又可利用京绥铁路抵达丰镇,所以此地极为重要,出口货物在这里完成装货卸货,是所谓的船车联络之地,各洋行都在这里设有分行,监督羊毛交易。

鄂尔多斯和附近产地的羊毛,年交易量不下 200 万斤。而且来往于丰镇、包头间的马车一般有 2000 辆。

十四、结 语

通过上文所述,不足以窥知甘肃羊毛的概念以及外国商人的看法和其活跃程度的一半。

我国人仅仅知道澳洲产羊毛,认为中国产的品质不良,但是不全都是质量不好的产品，至少可以作为我们的军需物资。一想到帝国国产原料的情况，笔者认为决不能放任外国商人垄断羊毛贸易。

所幸日本商人有两三家在天津开设店铺收购羊毛，但不及外商新泰兴。现在我们如果不能勇敢地去蕃界产地和外国商人争个输赢，然后将他们驱逐出去，将这么大的利益收入囊中，以补充我们的军需物资，是非常遗憾的，我们应该有这样的觉悟。

JACAR:B11091375000、66　甘肅ノ羊毛　大正九年十二月（外務省外交史料館）

157　有关甘肃省玉门油田的报告

1943年6月23日

第102号　昭和十八年六月二十三日
于呼和浩特　代理总领事　望月静（寄）
外务大臣　重光葵殿（收）

有关甘肃省玉门油田的报告

与本件相关之大东亚大臣处将公文复写，另添报告上传
呼和浩特调极密第177号　昭和十八年六月十六日
于呼和浩特　代理总领事　望月静（寄）
东亚大臣　青木一男殿（收）
有关甘肃省玉门油田的报告

从当地西北问题研究所那里，得到了有关甘肃省玉门油田的文件（两份附加文件），为供参考，另添附报告以供查阅。

本信复写传送处　南(京)大、上(海)大、北(京)大、北(京)大资料室、

张(家口)大

昭和十八年六月十日　有关甘肃玉门油田
目录
一、地势概况……一页
二、石油产量……一页
三、品质……六页
四、运输状况……七页
五、关于顾问及工人……八页
六、阻碍开发推进的各种条件……八页

一、地势概况

甘肃省的油田,占据西起敦煌东至山丹的广大面积。其中主要产地为玉门、永昌、嘉峪关及金塔县等诸县,其中最为著名的是玉门市。

位于玉门市的石油矿有两处:一是在玉门县城东南约一百一十公里,肃州县城西南约一百四十公里的赤金堡的石油河;二是在其东边约二十四公里的白杨河村的石油沟。石油河源于祁连山,两岸为深谷,油田地质上层为砾石与土质交互层,中部为红色页岩,下部为灰色砂岩,左岸为红色页岩及灰色砂岩。

二、石油产量

1.第一期(截至民国二十年)

玉门石油在同治年间被该地采掘金矿的从业者发现,此后长久以来,放任当地居民自由开采。其后,比利时人向省当局请求油田采掘权未果,不久,当地将其指定为共有财产,一般民众需支付手续金方可入手,但产量不大。

据旧南京政府实业部《中国经济年鉴》记载,其数量如下:

民国十五年　约 100 桶①，

民国十六年　约 100 桶，

民国十七年　约 100 桶，

民国十八年　约 140 桶，

民国十九年　约 140 桶，

民国二十年　约 100 桶。

2.第二期(民国二十一年至卢沟桥事变发生)

民国十八、十九年时,当时甘肃省主席刘郁芬尝试开发未果。民国二十一年至后任主席邵力子时,以不成熟的技术继续开发,产量虽渐渐有增加趋势,但依旧以土法开采,并不依靠机械设备进步改善。到卢沟桥事变爆发,此处产量统计欠缺,依《矿业周报》记载：

民国二十五年　约 10 万市斤。

3.第三期(卢沟桥事变后)

卢沟桥事变后,该油田突然受到政府及美英苏的关注,重庆政府将之直辖中央。资源委员会将该油田重新以近代机械化开采方法正式开始开发。

第一次探掘油井后,原油日产量高达四万加仑,进一步继续开凿油井,至民国三十一年,日产已经达到一万加仑。另一方面,民国二十八年九月,经由缅甸、四川运输而来的美国机械,在美国技师的指导下已完成交付。眼下正在三基活动中,其新设备相关情报不详,精炼油量月额不少于三万加仑。

民国三十年九月,资源委员会在其组织下设置甘肃油矿局,同时为促进甘肃石油矿业的开发,其组织如下：

---

① 1 桶为 24 加仑。

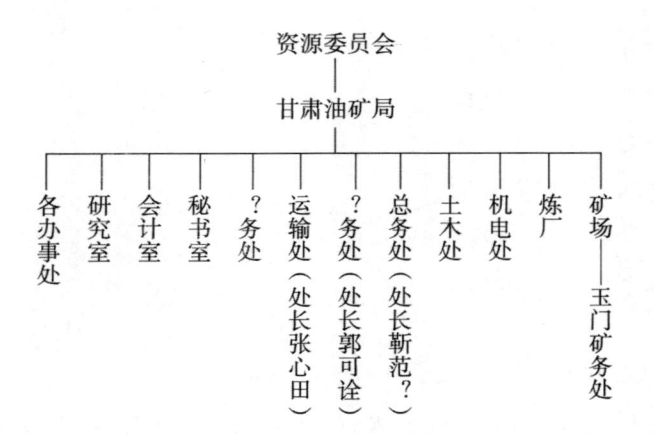

```
                           资源委员会
                           甘肃油矿局
  ┌──────┬──────┬──────┬──────┬──────┬──────┬──────┬──────┬──────┬──────┐
  各      研      会      秘      ?      运      ?      总      土      机      炼      矿
  办      究      计      书      务      输      务      务      木      电      厂      场
  事      室      室      室      处      处      处      处      处      处              │
  处                                    (      (      (                              玉
                                        处      处      处                              门
                                        长      长      长                              矿
                                        张      郭      靳                              务
                                        心      可      范                              处
                                        田      诠      ?
                                        )      )      )
```

油矿局内职工数

年月	人数	薪水
民国三十年七月	272 人	36,690 元
民国三十年八月	274 人	38,405 元
民国三十年九月	417 人	52,470 元
民国三十年十月	484 人	60,650 元
民国三十年十一月	546 人	67,840 元
民国三十年十二月	633 人	78,085 元
民国三十一年一月	704 人	85,045 元
民国三十一年二月	717 人	87,645 元

从以上数据来看,可判断其产量在逐次增加。

另外,该油田有一特征:在夏季产出油量极为旺盛,秋冬季地面冻结基本不产油。

三、品　质

西北地方的石油与波斯湾同系,同属于不饱和烃,因此有一个优点:不需要经过复杂的间接液化,就可以制成航空机及其他内燃机所用的汽油,但玉门油田范围广大,其油质并非一致,其精炼而成的汽油,也并非都能应用于航空机。

然而，从中国十年来在经济建设上刊登的甘肃省建设厅的实验分析结果来看，其油质优良，具体如下：

产地	汽油	石油	炭滓	备考
赤金堡石油泉	16、50	70、00	13、50	油质浓厚,色如黑漆
赤金堡干油泉	14、50	70、00	15、50	油质浓厚,色如黑漆
白扬河石油沟	15、50	70、00	14、50	油质浓厚,色如黑漆

备考：1.分析时间、数量不明；2.摄氏一百五十度蒸出汽油，三百度蒸出石油。

四、运输状况

所生产的汽油多经兰州、天水、双石铺输送至重庆，也有输送至西安方面的。

输送量（%）概略如下：
重庆方面　80%
西安方面　20%

以玉门矿务处汽车队（3 吨卡车 50 辆、2.5 吨卡车 50 辆、2 吨卡车 10 辆、1.5 吨卡车 70 辆、1.25 吨卡车 20 辆）及西北运输处车辆为主，此外使用橡胶大车、骡马等。另，玉门至双石铺间的汽车运输需要七日，大车需要约三十五日。

五、关于顾问及工人

据归来者所言，至民国三十年十月左右，有数名苏联人顾问在各部门指导，其后渐次上调，现在仅有一二名。与之相反，民国二十八年经缅甸输入而来的美国机械交付使用，其他部门的指导工作多由美国技师担当。

其中有六千人（或两千人）不能一律称之为工人，但从"民国二十九年，从甘肃省北部征集的壮丁全部用于油田"的传闻来看，其数一定不少。职员中福建、广东方面的南方人约占八成,工人多为当地甘肃人,次之为陕西人,好像并无青海及其他回教徒。

六、阻碍开发进步的各种条件

以上可知,该油田品质及产量皆达到人们所期望的,但也存在着阻碍该油田开发和发展的问题。其主要几点原因如下:

(1)与苏之间利害冲突的危险性;

(2)地理位置交通普遍不便;

(3)机械入手困难。

阻碍条件如上所述,现将之详述:

(1)地理上虽然苏联最占有优势,但目前的情形,苏联不可能直接开发乃至援助,不得不承认美国方面的援助已有"应以美国资金开发玉门附近的石油,不由苏联介入","美国美孚石油公司①与重庆政府经济部商议的结果,向该公司提供了包括四川、山西、新疆、甘肃在内的西北地区之石油及煤油的榨油独占权","据上述契约,美孚公司派出机械及技师并注入资本,将油给予重庆及指定的联合国处"。和消息一同而来的是,苏联,决不能同意美国直接开发乃至美国资本家独占性的开发。这显示出两者之间的利害关系正变得格外复杂。

(2)所处地域使得所产汽油运输极度不便,用卡车向重庆运送汽油时,恐怕大半汽油已被卡车自己消耗,因此政府当局也在焦急寻找对策。但玉门位于西北公路四冲之地,且西北公路现在是通往重庆的唯一对外交通路线,正如美国已修建完成的阿拉斯加公路所展示的那样,以该道路—苏联—西北公路作为运输路线,其援蒋物资也会有所增加。另一方面,重庆方面不断呼吁应倾全力以完善西北公路。该公路被充分利用,玉门作为中转站其重要性也将增加,所产汽油也便可合理利用了。考虑到把酒泉(肃州)、武威(凉州)作为飞机降落地,玉门油矿的重要性也愈加重要。

(3)机械入手的困难与西北公路的完善有关。即使这与援蒋物资的增

---

① 指 Standard Oil Company。

减有很大关联,但目前的形势下,已不能指望苏联的援助,而美国又过于遥远,援蒋物资的激增终究是不可能的。因此可推测出机械入手仍然困难,玉门石油产量绝对不可能增加的结论。

但是,甘肃省玉门的石油作为目前中国唯一拥有的资源,重庆政府极力克服不利条件,以增产为目标,其将来不可轻视。

JACAR:B09041908500、11　甘肃省(外務省外交史料館)

158　以甘肃省地方哥老会为中心的叛乱报告文件

1943年7月22日

第141号　昭和十八年七月二十二日
呼和浩特总领事代理　望月静(寄)
外务大臣　重光葵殿(收)

以甘肃省地方哥老会为中心的叛乱报告文件
本文件通过附件形式随信发给大东亚大臣

呼和浩特调秘第180号　昭和十八年六月十二日
在呼和浩特　总领事代理望月静(寄)
大东亚大臣　青木一男殿(收)

以甘肃省地方哥老会为中心的叛乱报告文件
本文件通过电报进行报告,内容是从由甘肃省凉州来呼和浩特的商人那里仔细听来的,通过附件形式报告,以供参考。烦请查阅。
本信复写件送至:南(京)大、上(海)大、北(京)大、北(京)大资料室、张(家口)大。

以甘肃省地方哥老会为中心的叛乱

这次在甘肃省东南部一带,所爆发叛乱的有关内容,是从由甘肃省凉州来呼和浩特的骆驼商队商人海生英、刘玉恒那里听来的。概况如下。

(一)叛乱经过

这次以甘肃省临洮为中心的住民叛乱的主要原因,是政府官吏不顾民众穷苦,强行征收食物,加重课税,最终引起民众公愤。但是这当中缘由非常复杂。

(1)西北各地方汉、回两民族之间的纷争一直以来反反复复,最近虽然没有公开化,但是也逐渐明朗起来,一旦有什么风吹草动,立马就会有附和和传播,很容易引发大事件。河州行政专员公署内有一石碑,表面刻着过去回教徒的叛乱情况,其中有用到对回民有诬蔑性的词语,比如"猢乱""猢匪"等。去年四月,白崇禧在视察西北的时候,在河州大约待了一周,在看了这个石碑后认为石碑不妥,立刻将它破坏了,虽然对于官民来说,回汉都是平等的中华民国国民,不过白崇禧只是进行了"不得互相抱有污蔑和歧视"的训话。

(2)一直以来回教徒的教育文化程度都很低,从商的人很多,很少有当官的。相比之下,汉人的受教育程度很高,做官的人很多,有钱、有权的人也很多,所以在面对各种课税的时候,压力要比回民小,而且政府对回民的课税又很重,还带歧视。回民对此没有可以诉讼的地方,只能将愤怒压抑在心中,去年随着政府要人更迭,政府方针也发生了变化,对汉回共同进行强制性的粮食征收,住民们变得愈加贫困。另一方面,临洮、岷州、洮州地区的汉民族(哥老会)等都对政府向民众施压一事感到愤慨,用"官逼民反"来煽动回教徒的反政府情绪,河州南乡的回教徒以此为契机,反政府情绪高涨,声言要反抗官吏的压迫,汉回两民族强势参加,导致了这次暴动的发生。汉民族表面上推举回教徒马福山为领导,实际上是为了免去汉民族叛乱的罪名。

(二)叛乱部队的占领地区及数量

(1)叛乱的根据地,是在临洮的西面四百华里,临夏南面一百二十华里,被称作石钢察的地方。临洮、岷州等地区已经完全归到叛乱部队的掌握当中去了,现在更往陇西一带扩大,据说已经占领了各个县,总面积有五百平方华里。石钢察四周密林环绕,是极为要害之地。首领马福山是河州南乡出生的回教徒,曾经是马步青的部下,今年五十岁,有大量个人资产。

(2)叛乱势力现在大约有两万人,还在不断增加当中。汉民人数较多,回教徒则较少,一部分中央军也投降并参加了叛乱。武器用的是民间有钱人警备用的武器,驻扎在洮州、岷州的胡宗南部下,也有投降叛徒的情况,有一部分武器用的是这些投降人员带来的,其他的诸如机关枪、迫击炮之类的武器也是有的。粮食则是掠夺政府从民间征收来的储备粮,因此粮食很多。叛乱部队所占领的地区多山林,很适合防御,青海军和中央军的讨伐部队一来,叛乱部队就躲藏在山中进行游击战。但是普通民众、商人和其他贸易从业者,叛乱部队则任由他们通过并往返叛乱地带,不加以任何限制,也不进行掠夺。

叛乱部队印刷了很多"官逼民反""打倒日本""打倒谷正伦""拥护中央政府"等标语四处散布,呼吁民众采取武力方式取得胜利,叛徒们平时都接受了防空训练,很有防空经验,也有准备防空设施。而且这个地区都是山林地带,是一个天然要塞,纵使侦察机在上空多次侦察,也不可能侦察到叛乱部队。

(三)中央的驻防军也加入叛乱行列

(1)平番本是马步青部下的第一团驻扎的地方。去年八月第一团移驻青海,同年九月中央军叶师长部下、步兵一营(营长周某)移驻平番,这些来的士兵对他们的工资待遇非常不满,今年一月份叛乱爆发的消息传到了平番,再加上本已有士兵们不堪贫困逃到叛乱地区的情况,周营长便和剩下的士兵们一起逃跑去参加叛乱了。于是叶师长让手底下一支部队立即分驻平番。这支部队的营门前有一木牌,上书"林禁总队"。但是今年三月这支部队突然有人谋反,不过在谋划阶段就被发现,主谋被枪决,营门封闭了两天。

(2)驻扎在洮州、岷州的中央军,胡宗南的部下有两个营,在叛乱爆发的时候被叛徒们包围。不过叛徒们寡不敌众,最后被降伏。

(四)政府的叛徒镇压策略

如上所述,叛徒的势力不得小觑,即使这样,重庆也并没有使用武力,还在积极地探索和平的手段解决问题。

（以上内容是从今年五月下旬由凉州来呼和浩特的青海省湟源县回教徒商人海生英那里听来的。）

（五）兰州管辖下各县的叛乱情况

1.地区

叛乱地区是甘肃省临潭县（洮州）、岷县、天水、武山、陇西、临洮、甘谷、洮沙（沙呢）等地区。

2.时间及头目

主谋者有两名，总头领是被称作马明祥的甘肃省出身的回教徒，曾经是马仲英的参谋长，今年三十岁。副头领是毛某，甘肃省临潭县人。叛乱是发生在今年二月中旬的事情，洮州的旧城首先爆发叛乱，之后是天水，然后扩大到了各地各县。

3.叛乱后的交通

叛乱爆发后，兰州到西安、四川、汉中之间往来的甘新汽车和甘青汽车，减少到了十天一次（以前是每天或隔天一次），而且在出发之前要有两三架飞机援护，或者要军民同乘才可以同行。二月中旬不时有政府的运粮汽车被劫的事情发生，二月下旬则时常发生电报、电话线被破坏、切断的情况。

4.叛乱团体的名称及数量

叛乱部队的名字是"甘省民间独立义勇军"，现在有独立的十个师团，是把各县来的人员进行编成后的组织，作为临时政府的是"甘省民间协议会"，总会设置在洮州旧城以及岷县，在各地设有分会。总会长是马明祥，副会长是毛某。毛某以前是朱绍良手下的旅长，不知道是哪个民族的。现在会员有十万余人，叛乱爆发之初，这个地区的驻防军兵就有很多加入了进来。会员有哥老会的回、汉民，也有县内居住的人，那些不入会的人则直接被枪杀。

5.叛乱前后民众生活状况的比较

叛乱地区的各个县，以前是在马步青管辖之下的，当时中央和兰州政府的课税全部是马军长负担的，像国债一类的钱款，并不需要让民众负担。而且福昌贸易公司的毛皮以前都是可以自由运往蒙疆进行买卖的。西北回民一直以来都是靠毛皮贸易生活的，和蒙疆地区的往来非常频繁。以前从蒙疆运来的货物是非常受欢迎的,也可以把毛皮运到蒙疆去卖。但是自从马步青来到西宁,各种费用都增加了,而且毛皮的出口和私人贸易全部被禁止,百姓们本来非常欢迎从蒙疆运来的物资,但是随着各种税收的增加,物资价格也高涨,蒙疆地区来的物资全部是按照专员公署规定的价格进行买卖的。如果不经报告私藏货物,一旦被密探发现,则全部被没收。而且,壮丁的征发也日益加剧,由于课税加重百姓生活困难,同时政府以收官粮的名义强制征收粮食,再加上地方官吏完全不顾百姓的困苦,生活极度浪费。叛徒所提出的标语口号是"官逼民反,提高民众团体地位,拥护朱绍良,驱赶南方人,打倒谷正伦,取缔谷主席,实行公平道德"等。

6.各县长的动静

去年十一月从兰州到西安的汽车,在天水西北约四十华里的地方被数十名匪徒劫了,匪徒问车上是否有叫潘的人,车上有一个华北人叫潘,就让他下车了,然后没收了其他乘客的携带品和钱,之后就逃走了。但是没有受到任何伤害,很平和的样子。这个汽车在到达天水的时候,乘客们一起向县长报告了事情的经过,潘明显是私通匪徒,但是县长认为潘私通匪徒是毫无根据的事情,所以没必要惩罚,而且给众人说:"你们可以直接去兰州报告上司说天水县长私通匪徒。"以上的事情在报告给兰州主席谷正伦后,立刻对天水县长进行了更换,并且将县长逐出了甘肃,而且发出了"以后对哥老会成员和回民决不姑息"的命令。上面所说的天水县长是这次叛乱的副头目毛某的朋友。甘肃省的百姓苦于各种课税,对政府极为仇恨。从南方来的新县长也被悉数刺杀,洮河南北各地的县长要么选择归顺,要么选择逃走,不过具体情况还不甚明朗。民众也恐于叛乱,纷纷逃到远方,没办法逃难的只得参加叛乱。现在叛乱发生的地区宛如坩埚一般,呼喊着打倒谷主席的口号。总之,以新移驻进甘肃省内的军队,从民间征收粮食为开端,突然爆发了民众起义,随着官民相连,从而引起了这次叛乱。

(六)中央和兰州给马步芳的电话以及处理命令

凉州回教救国协会会长马昌(马步青的亲戚),在今年四月赴西宁联络回教事务时,和马步芳进行了会面,在报告叛乱情况的时候,知道了"今年三月上旬,在中央政府给马军长的电报中,中央政府命令马军长向兰州出兵,

并把兵驻扎在河州"的命令。现在在河州的马步青的三个团,都是今年四月从青海来的,即

　　炮兵团　团长马登福(河州出身的回民);

　　特务团　团长韩永福(河州回民,黑色骑兵队);

　　手枪队一营,迫击炮三个连,机关枪一营。

　　今年四月马步青来到河州,对部下下达了"严守县城,违反者按军法处置"的命令。

　　根据马步芳之前透露给马昌会长的消息来看,这次出兵其实是中央为了去除马步芳的势力而找的借口。

　　(上文是从今年五月下旬从凉州出发、六月末到达呼和浩特的汉人商人刘玉恒处听来的。)

　　　　JACAR:B02031802100、1　一般/4　昭和18年7月22日から昭和18年7月23日(外務省外交史料館)

159　甘肃省凉州概况

1943年11月12日

秘　第252号　昭和十八年十一月十二日
在呼和浩特　领事　望月静(寄)
外务大臣　重光葵殿(收)

甘肃省凉州概况报告文件
　　本文件附有发给大东亚大臣的公函复印

呼和浩特密调第638号　昭和十八年十月二十三日
在呼和浩特　领事　望月静(寄)
大东亚大臣　青木一男殿(收)

170

甘肃省凉州概况报告文件

本馆情报人员所提供的消息中,有关甘肃凉州概况的部分(附件共有三部分),已经通过附件做了报告,以供参考。请查收。

本资料是今年九月中旬,从当地来的商队那听来的。

(中略)

甘肃省凉州概况

一、军　情

第91军司令部(军长　韩锡侯)　旧城西大街

第18师司令部(师长　叶成)　新城(距旧城五华里)

部队全部驻扎在新城,旧城中有数名卫兵在进行警备,身着灰色军服。

二、官　衙

党部　西大街路南

县公署(县长　师兴唐)　东大街北巷路西

警察局(局长　崔某)　西大街

地方法院　关公庙内

统税局(局长　孔某)　北小街

海关税局(局长　王某)　县公署正面

三、教育状况

1.省立示范学校(西大街)

　校长　韩兴明　教员八九名　学生三百名

2.省立武威中学(北大街路西)

　校长　周维均　教员十三名　学生四百名

3.私立青云中学(南大街西巷)

　校长　周德青　教员八九名　学生三百名

4.有四所小学

5.民众图书馆　设备良好图书多

四、城内的保甲制度

1.青云镇(公所在城内南街安国寺内)

镇长　张仁山(40岁)　出身名门,资产家,在凉州声望最高。

每月从镇公所领500元的车马费,镇内有职员八十多人,每月的工资是250~300元。另外,还有下人十多名,每月的工资150~200元。在其管理下有二十保(1保＝10甲,1甲＝20户),还有些商店、住户、农民。

2.龙门镇(公所在城内东南街武庙内)

镇长　张云天(40余岁)　商人,凉州近郊南乡的中等农家出身,名声良好。

每月从镇公所领500元的车马费,镇公所内有职员十名,每月的工资是250~300元。另外,还有下人十名,每月的工资150~200元。在其管理下有二十保(200甲,2000户),还有些商店、住户。

以上两镇从属于凉州县公所,所有的工作都要听县公所的指令。县公所的职责和任务是保甲事项、户口调查、防空设备等。保长的工作很努力,主要是惩戒、招募壮丁等。

五、娱乐机关

(1)电影院　一所　放映中国和西洋的电影。

(2)戏院两所　在财神庙和马神庙里面,工作人员都是当地人。以前有一个被称作"大旅社"的戏院,但是由于昭和十五年日本飞机的轰炸而被破坏。

(3)澡堂　一间　被称为"大旅社",二层楼的建筑,设备良好。一次的洗澡费用楼座(家庭用)2.5元,池座(混浴)1.5元。

(4)妓院　一个　妓女是上海、苏州、杭州人,盘子十元,住夜八十元。

六、有电灯公司，但由于昭和十五年日军的轰炸而被破坏，现在故障中，停止送电。

JACAR：B02031759600、20　昭和16年3月24日から昭和18年10月23日（外務省外交史料館）

160　甘肃省凉州近况补充报告

1944年4月3日

蒙疆　第二次调查
呼和浩特　调秘第283号
昭和十九年四月三日
在呼和浩特　领事　望月静（寄）
大东亚大臣　青木一男殿（收）

甘肃省凉州近况补充报告的事件

关于今年二月三日附呼和浩特调秘第100号报告中甘肃省凉州近况，在此之后可以涂黑的地方如附件所示（有三张附件），补充报告。

本信寄往驻中国大使、张家口、北京。

甘肃省凉州近况补充

一、军长一家和回教的工作

第四十二军军长杨德亮现居住在凉州西门外海藏寺。军长的父亲每逢礼拜日（金曜）都会与军长同乘小型黑色汽车，来到清真寺礼拜。每天的五次礼拜不来礼拜寺，在公馆内阿訇带领礼拜。军长公馆内的佣人一律要礼拜，不礼拜者不使用。军长父亲给凉州寺内的补助金很多，而且每个月向教长请愿,在公馆内念经。据说是要举行宴会。

如上述,军长特别注意回教教义,在去年的大尔代节对凉州大寺礼拜寺进行了大量的捐款,并对回教救国协会的发展提供了资助,对回教工作特别提倡和补助。

二、经济治理法

目前在凉州实行经济统制法,即对各商号所有货物进行了详细的调查登记。按照政府规定的价格向普通市民销售,价格非常低廉,一般人买不到,成为各机关职员的购买地方。要想在黑市买的话,商品很丰富,可是价钱太贵了。另外,政府在商店发现隐匿货物时,全部没收,以法定价格出售给普通市民。

三、凉州东乡红水河中村的概况

村分为南北头村、二村、三村,居民共计两百多户,经营农业,农闲时期养骆驼作为副业。

本村东端有一条河流,河宽四五丈,水深一尺,向北流。

头村、二村、三村各有县营的三所私立学校,各校学生三十多名。学校维持费为小麦十六担,春秋两季分期缴纳,由学生家长负担。

各村组织"保",保长为名誉职位,两三年一换。

四、在补克提的新征税

针对补克提税关海关设置了"战时消耗费税",在该海关代收的征税员,大多是南方人且都有学识。税单表面印有汉字,征税税率为货物价格的一成,但货物为实用产品或者中国制造的产品时,免除征税。即从凉州地区到蒙疆地区水烟如果搬运的话,只支付统税、海关税,"战时消耗费税"不会被征收。

JACAR:B02030602400(2-3)、2 蒙疆/1 昭和19年4月3日从昭和20年4月10日(外務省外交史料館)

161　甘肃省凉州近况报告

1944 年 6 月 13 日

秘　第 145 号　昭和十九年六月十三日
在呼和浩特领事　望月静（寄）
外务大臣　重光葵殿（收）

甘肃省凉州近况报告文件
　　本文件以发给大东亚大臣附件的形式进行申报

呼和浩特调秘第 468 号
昭和十九年五月三十日
在呼和浩特领事馆　望月静（寄）
大东亚大臣　青木一男殿（收）

甘肃省凉州近况报告文件
　　有关本馆调查到甘肃省凉州近况（附件共三部分），已通过附件形式进行报告以供参考。
　　本信的复写件收信送至：驻中国大使，张家口、北京、满大、包头。

甘肃省凉州近况
　　本年二月二十四日，商人徐寿山（汉人，33 岁）、潘德庵（汉人，30 岁）从甘肃省凉州出发，和商队一同于四月二十八日到达呼和浩特，本文件所说的凉州情况，是从这两个人那听来的。

一、凉州城市街

1.旧城

凉州和呼和浩特一样,有新、旧两个城。旧城是所谓的凉州城(武威城),政、商、工都在旧城。城的形状是南北稍窄的长方形,城门有八个。旧城的街道分为大东、大西、大南、大北四条街道,是一个直通四城门的十字街道,其余还有小南、小北、仓门、草场四条街道。小南、小北的两条街连通小南门和小北门。以上八条街道当中,前四条街最繁华的是仓门,其次是草场街。在东门外有由两个保甲所组成的东关街。

2.新城

在旧城的东北五华里的地方,清朝时期,作为满洲将军以及满洲八旗的驻扎地,而且在当时是满族专用,并无汉人在此居住。有城墙,曾经商业很繁荣,但是现在是重庆军的驻扎地,第五十八师司令部以及士兵在此驻扎,普通人不得接近。

二、官衙以及银行所在地

(1)凉州县政府(县长　张爱松)　　　　旧城李府内

(2)凉州专员公署(长　?某)　　　　旧城李府内

(3)凉州警察局(长　贾国乔)　　　　旧城大西街路北

　　凉州东关警察分所(长　焦某)　　东关

(4)凉州高等法院(长　赵某)　　　　西街路北关帝庙内

(5)凉州地方法院　小南街路北

(6)凉州税务局(长　孔房恩)　　　　大东街

(7)凉州海关局　　　　　　　　　　旧城李府巷

(8)凉州盐务局　　　　　　　　　　旧城马神庙街

(9)凉州西北公路局分所　　　　　　旧城东关外

(10)凉州青云镇公所(长　张某)　　　旧城杨四郎庙内

(11)凉州龙门镇公所(长　朱某)　　　旧城马神庙街藏经阁内

(12)凉州军警督察处　　　　　　　　旧城大东街路北

（13）凉州商务会（会长　李原，副会长　张某）

　　　　　　　　　　　　　　　　大东街路南

（14）凉州电灯公司　　　　　　　旧城大西街

（15）凉州福兴公司　　　　　　　旧城东关街

（16）中央银行凉州支行　　　　　旧城大北街

（17）交通银行凉州支行　　　　　旧城大东街

（18）中国银行凉州支行　　　　　旧城大东街

（19）农民银行凉州支行　　　　　旧城大南街

（20）甘肃省银行凉州分行　　　　旧城大东街

三、军　情

驻扎凉州的军队是中央军，南方人占多数。

（1）第四十二军　军长　杨德亮

司令部是在海藏寺内，离凉州旧城小北门三华里。

（2）第五十八师　师长　叶载

司令部以及军队驻扎在新城内。

（3）凉州宪兵队

宪兵有数十名，驻扎在旧城大北街。

（4）河西警备司令部　司令　李铁钧

在旧城大西街路北。

四、治安状况

凉州管辖内的治安非常好，市内的治安维持工作，由警察局的二百余名警察负责，同时还有军警协同的军警都察署、宪兵、河西警备司令部的部队支援。凉州城门的入口处以及城外的卡口（哨所）的岗哨，也是由部队军人担任，各个岗哨是三人一班，并配有武装。警察局的任务是维持市内外居民的治安。

五、社会状况

自从事变以来,凉州一带的生活越来越困难,火柴、石油、化妆品、洋品、绸缎等外来品,以及其他的物品价格暴涨。从百姓中流传的一句话,可以看出全部物资匮乏的情况:"生活难,穿用缺,只怕你穷有中央票①。""缺衣少食,只是因为没有中央票"的意思。可以看到,当局无止境地乱发法币,招来了民众的仇恨,民众一边叹息着生活的艰苦,一边期盼着早日恢复旧时的生活。

眼下凉州一带除了大量的军用物资(官厅统制管理买卖物资)外,其他的各种食材、日用品、奢侈品依然可以自由买卖,所以商店的商品价格一天会变数次。官方也并没有规定价格,放任物价暴涨。因此富者即使在物价暴涨的时候,依旧可以过着奢侈的生活,而那些贫苦人,只能陷入悲惨的生活当中。

六、金　融

凉州地区,现在流通的纸币是甘肃省银行发行的五角券,以及中央、交通、中国、农民四大银行的法币和关金票②。但是关金票一元等于二十元法币。甘肃省银行券通用的只有民国二十七年发行的五角券。

七、凉州地区的统制物资

1.毛皮

对毛皮的统制是从民国二十九年开始实施的,其中对于羊毛的管理是最严格的。民间商人有逃避统制、进行买卖的情况。毛皮的统制收购,是由凉州旧城东关街的官营"福兴公司"进行的。这个福兴公司,除了凉州以外,还在主要地区和毛皮聚集地区设立了分、支行。现在毛皮的价格是福兴公司根据官方定价进行收购的。今年二月,羊毛一斤三十元,羊皮(老羊皮)一

---

① 指法币。
② 指"海关金单位兑换券"。

张一百多元。

2.石油

石油的统制机关是西北公路局,给一般老百姓配给的石油是一斤二十元。以前是可以自由买卖的,但是从今年一月开始由西北公路局进行统制。

3.大青食盐

归凉州盐务局统制管理,一般民众要去盐务局指定的零售商店进行购买。但是盐的行情并不是一定的,官方价格最便宜的时候是一斤五元,现在是一斤二十二元(今年二月左右)。

八、产　业

1.农业

凉州地区去年迎来大丰收,所以虽然食材归政府统制管理,不过一般情况下并没有妨碍生活。凉州附近的农产品是小麦、稻米、谷米、黄米、豌豆、大豆以及其他豆类、胡麻、菜籽、山药、棉花等,但是并不生产莜麦。凉州的普通农民以山药、小米、大豆、芝麻、菜籽油、土布为生,白面、大米则用以出售。

2.矿产

凉州使用的石炭,是从西、南各一百余华里的西、南山中采出的。炭质有无烟和有烟两种,矿场现在都是民营,通过骡子和马车进行搬运,以供给百姓,价格为每斤七十钱到一元。

九、民族和宗教

凉州城内的住民约四千户,大多数是汉族,回教徒则多是从青海省等地区搬过来的,回族占总人口的十分之三左右,几乎都从事商业。城内有青龙镇、龙门镇这两个镇子的公所。各镇有十五保,保甲制度非常完善。汉、回两民族在数量上有差距,不过两者的关系非常好,很和睦。在凉州常住的外国人,是天主教、耶稣教的传教牧师,也听说有苏联人留在这里,这应该是暂时性的。宗教方面,汉人信仰佛教和道教,回族信仰回教。天主教和耶稣教①的信徒也很多,现在势力也很大。

十、教　育

1.凉州中学(在大北街,男女共校)。

2.师范学校(在草场街,男女共校)。

3.青云学校(在南门内,分为小学和中学,男女共校)。

4.小学有五六个。

十一、交　通

(1)普通的交通工具是人力车、牛马车、骆驼、牛、马、骡子等。

(2)汽车　西北公路局的货车,每周往返两次,将货物和乘客从兰州拉到甘州、肃州,司机全部都是汉人,没有外国人,也没有乘警。

(3)飞机　机场在旧城四门外十五华里的地方,使用人员是上层阶级、官吏、军人。

(4)电报、电话多官用,普通人被限制使用。

十二、电　灯

官衙自不必说,商店、住户也有在使用,充钱式的和散灯都有,散灯每个月七十元。

十三、报　纸

凉州的政府机关报纸是《河西新报》,报社在大西街路北。日刊大开版一份,收费一个月七十元。凉州商民有义务必须买来读。报纸所用纸张,是四川省产的"苯工纸"②。《河西新报》一直到民国三十一年,名字都是《河西日报》,随着同年马步青军长撤出凉州,才改名为《河西新报》。

---

① 　原文为"耶稣教",指基督教。

② 　原文即为"苯工纸",可能指用本质纸浆制纸的工艺所生产的纸。

十四、征兵以及国民训练

凉州的征兵是从民国二十七年开始的,每年征一次,兄弟三人中选一人入伍,挑选十八岁到四十五岁的男子。征兵事务是县政府、乡镇公所、保甲公所负责的。今年进行了第七次征兵,全县以下征召了一百人。凉州的镇公所(青云、龙门)以三周(二十一天)为一个周期,从各保甲每户中,按顺序征召十八岁至四十五岁的男子,在西门内西街的公共体育场,进行三个小时的国民保甲训练。这种训练是从民国二十九年开始的。

十五、防　空

凉州的防空是从民国三十年开始,在官厅的指导下进行的。现在凉州城外有大规模的防空设备,城内的普通百姓家里也有小型防空壕。防空演习在官厅、军警的监督指导下实施。

十六、凉州物价(今年二月)如下

物品名	单位	金额	备注
纸烟	盒	十九元到八九十元	十支装
白干酒	斤	60元	
大青盐	斤	22元	
石炭	斤	0.70~1.00元	
胡麻菜籽油	斤	30元	
山芋	斤	1元	
火柴	小盒	15元	
豌豆、大豆	斗	160元	
白面	斤	9元	
小米	斗	150元	
大米	斗	400元	
黄米	斗	200元	

JACAR:B02031778500(17-27)、10 昭和19年1月8日から昭和19年7月16日(外務省外交史料館)

162 甘肃省各地近况报告文件

1944年6月13日

秘 第146号 昭和十九年六月十三日
在呼和浩特 领事 望月静(寄)
外务大臣 重光葵殿(收)

甘肃省各地近况报告文件
　　本文件已通过附件的形式发送给了大东亚大臣

呼和浩特调秘467号
昭和十九年五月三十日
在呼和浩特 领事 望月静(寄)
大东亚大臣 青木一男殿(收)

甘肃省各地近况报告文件
　　本文件是从商人那里听说的,他们四月下旬从凉州来到呼和浩特,附件有甘肃省各地近况(附件共三部分),以供参考。
　　本信复写件送至:在中国大使,张家口、北京、满大、包头。

甘肃省各地近况
　　目录
　　一、凉州工业概况
　　1.棉纱厂
　　2.棉花制造机器铁工厂

182

二、嘉峪关西面开垦状况

三、肃州汽车公司概况

四、凉州西北方永昌县宁远堡油田概况

五、兰州军事情况

一、凉州工业概况

1.棉纱厂

在城内小北街,昭和十八年五月一边进行内部修理,一边开始了生产。生产品大致可以分为以下三种。

(1)土布

以新疆和西安来的棉花为原料进行纺织。有白、蓝两个颜色。一匹布长四丈多,宽二尺五寸,价格是一尺五十元。

(2)人字毛布

以羊毛和棉丝为原材料,纺织成的各种人字呢。长四丈多,宽二尺四寸,有白蓝混色以及蓝、黑单色。这种毛布全部提供给政府各机关职员,所以价格不详。

(3)毛布

以羊毛为原料,规格、用途和上文的人字毛布一样。

(4)以上两种毛织品由同一个木制机器所织。本工厂的经理是外省人,姓名不详。仅有二十余名工人,基本都是本县出身。

2.棉花制造机器铁工厂

本工厂是由官方在民国三十二年七月,于城内东街道巷子开设的。里面有十余名工人,专门制造棉花制造机(弹棉器)。接受订单后就要拿总额一半的定金,剩下的一半则在完工之后进行收费。一台的价格是七八万元。这个机器每天可以打棉一百五十斤至一百六十斤。

二、嘉峪关西面开垦状况

嘉峪关西面地势甚是平坦,稍微带一些砂质,有数条小河流过,灌溉极为便利,因此土地基本上都很适合耕作。甘肃省政府在民国二十三、二十四年就开始着手进行开垦,一直到今天,现在的开垦情况如下。

玉门县城的西北方,布隆吉城的东方二十里铺一带,是平坦的草地,面积广大,方圆可达四五百华里。当地土地极为肥沃,采用沟水灌溉非常便利。眼下当地的土地正在稳步开发中。

布隆吉以东一直到七里沟的这一带,以及从安西县城正东方的杨永庄到万渠桥之间,水草丰美,土地肥沃,是最适合建立水渠的地方。省政府的目标是开垦数万顷土地,现在正在稳步开发中。

三、肃州汽车公司概况

城内西关路北端,设有常备车辆两台,每周一、周四两天发往甘州、凉州、兰州。公司内有职员五六名,打杂两名。从肃州到凉州的车票,大人每人七百四十二元。行程总共两天,第一天早晨九点从肃州发车,当天日落到达甘州,改成休息一夜后,第二天同样早晨九点发车,当天日落到达凉州。运行中如果汽车有故障,则是由司机自己进行修理。每车的乘客一般是二十四五人,客车上每个乘客可以免费携带十五公斤的行李,超过十五公斤则按规定收取费用。

本线路每二十公里设置一间小屋,为了补修道路,从当地农民中选取班长一名、工人九名,常驻在此。

司机每车两名(一名是副驾驶),山西、河南人居多。

四、凉州西北方永昌县宁远堡油田概况

该油田在凉州西北方二百四十余华里,永昌县城东北方九十余华里的地方,民国三十一年八月被发现。油矿在山沟内,去年甘肃省政府积极派遣专家进行研究调查,当时还尚未进行正式的开采。如果发现预期产量够大,则政府会在今年进行开采。这个地方离兰州很近,输送非常便利,所以政府当局对本油田抱有很大期望,非常积极地进行开发,不过还不了解现在的具体情况。现在沟内涌出的黑色油(原油),专门被用作当地的灯油以及大车的润滑油。

五、兰州军事情况

（1）甘肃省主席谷正伦现在由于中央的命令,对于各驻防军没有任何权力。

（2）第八战区司令官朱绍良在兰州五泉山附近,监督五泉山麓的地洞①修筑工程。

（3）兰州飞机场在去年十二月份有军用飞机四十架（所有飞机都挂青天白日旗）。每周两次,每次十二架飞过兰州上空,单发动机较多。

（4）兰州驻防军总数十余万名,中央军政部中,有轻重乘用车辆五百余辆,还有所属于独立汽车队三营的车辆约三百辆,似乎每一个都是用来运输"汽油"的。

JACAR:B02031778500(17-27)、10　昭和19年1月8日から昭和19年7月16日(外務省外交史料館)

---

① 该地洞入口位于现武侯祠。

附录:《甘肃省情况》绪言与目录

参谋本部《甘肃省情况(甘肃省事情)》昭和 18(1943)年 11 月 4 日

绪　言

一、本书主要根据以下资料编写而成

1.昭和十八(1943)年三月/华北方面军参谋部制作　甘肃省兵要地志概说

2.昭和十五(1940)年八月/华北方面军参谋部制作　以兰州为中心的兵要地志概说

3.自昭和十五(1940)年六月至昭和十八(1943)年二月/华北方面军参谋部制作　中国西北兵要地志资料摄影集(第一至第五辑)

4.昭和十七(1942)年八月/华北交通株式会社制作　中国西北兵要地志资料

5.昭和十七(1942)年三月/驻蒙军参谋部制作　甘肃省的情况(译文)

二、资料尚不充分,不够准确的地方也很多,鉴于此,急需提供补修订正资料。

三、请注意,本书所印照片,都是"七七"事变之前所拍摄的,和现在的情况不同。

目 录

第一章	概　说	1
第二章	地形及地质	5
第一节	地势	5
第二节	山地及平地	7
第一目	河西地区	7
第二目	陕甘高原	9
第三目	渭河以南地区	11
第三节	河川	11
第一目	要旨	11
第二目	黄河系	12
第三目	扬子江系	18
第四目	内陆河系	19
第四节	地质	21
第五节	森林	25
第六节	灌溉	27
第三章	交　通	29
第一节	要旨	29
第二节	铁道	30
第三节	汽车	31
第四节	地方搬运材料	33
第五节	水运	33
第四章	航空及通信	35
第一节	航空	35
第二节	通信	35

第五章　气　象 …………………………………………… 39

第六章　卫　生 …………………………………………… 43

　第一节　人员卫生 ………………………………………… 43

　第二节　家畜卫生 ………………………………………… 45

　第三节　给水 ……………………………………………… 47

第七章　资源及经济 ……………………………………… 49

　第一节　要旨 ……………………………………………… 49

　第二节　资源 ……………………………………………… 50

　　第一目　农产资源 ………………………………………… 50

　　第二目　畜产资源 ………………………………………… 52

　　第三目　林产资源 ………………………………………… 52

　　第四目　矿产资源 ………………………………………… 52

　第三节　工业 ……………………………………………… 54

　第四节　经济 ……………………………………………… 55

第八章　主要都市 ………………………………………… 57

第九章　民族、宗教及教育 ……………………………… 59

　第一节　民族 ……………………………………………… 59

　第二节　宗教 ……………………………………………… 59

　第三节　教育 ……………………………………………… 60

第十章　行政及司法 ……………………………………… 61

　第一节　要旨 ……………………………………………… 61

　第二节　行政 ……………………………………………… 61

　第三节　司法 ……………………………………………… 62

附　表

　第一　甘肃省气象统计表

　第二　包头及运城侧至兰州航空气象概况表

　第三　甘肃省各县各农产品产量一览表

　第四　甘肃省政府组织系统表

　第五　在甘肃省中央政治经济机构系统表

附　图

第一　甘肃省概览图

第二　甘肃省地势概览图

第三　甘肃省山脉及河川情况图

第四　黄河上流（兰州—宁夏间）概况图

第五　甘肃省黄土分布图

第六　甘肃省交通网一览图

第七　其一　甘肃省汽车公路一览图

　　　其二　普通定期汽车的运营及附属设施状况概要图

第八　甘肃省内西北公路状况图

第九　甘肃省机场及各设施情况概要图

第十　以兰州为中心防空设施概要图

第十一　其一　甘肃省有线通信网图

　　　　其二　甘肃省无线通信网图

　　　　其三　甘肃省邮政图

第十二　甘肃省给水情况概要图

第十三　甘肃省农、林产资源一览图

第十四　甘肃省畜产资源一览图

第十五　其一　甘肃省矿产资源一览图

　　　　其二　甘肃省石油资源分布一览图

第十六　甘肃省工场、企业分布及工业制品流动图

第十七　甘肃省主要金融机关分布图

第十八　其一　甘肃省主要都市概况图

　　　　其二　甘肃省主要都市街道图

第十九　甘肃省人口密度一览图

第二十　其一　甘肃省民族及宗教分布概况图

　　　　其二　甘肃省各县民族比较图

第二十一　甘肃省行政区

JACAR：C13032250700，甘肃省事情　昭和18年11月

索 引

A

阿訇 173
阿克苏 119
阿拉木图 9,84,86
阿拉善 54,104,149,154
阿拉斯加 164
阿里克 151
安边堡 109,114
安徽 34
安西 77,79,80,81,184

B

巴安 54
白崇禧 17,50,166
白墩子 80
白狼 9,10
白扬河 163
白杨河 160
班禅大师 81
坂根 46
保昌 2

暴动 11,166
宝鸡 65,130,131,132,133
保甲制 30,172,179
包头 158,175,182,188
宝医生 2
报纸 2,5,7,9,11,12,13,14,34,
　　45,46,73,79,94,118,123,180
北大街 171
北京 5,9,44,53,84,86,87,91,94,
　　153,173,175,182
北京大学 94
北平 12,50,54,55,74,76,81,92,
　　93,94,95,104
北清日报 2,3
奔驰 73
苯工纸 180
边疆 19,55,58,59,66,91
碧口 75,77
比国 55
比利时 90,142,143,144,146,
　　148,160
滨田青陵 94

邠县 73
币原喜重郎 46,93,95
博罗 80
波斯湾 162
博物馆 42,50,94,95
补克提 174
布隆吉 80,184
布隆吉尔 80
Butterfield and Swire. 155

C

财神庙 172
蔡市长 28
藏文 48,81,82
长流水 80
长沙 56
长汀 56
长庚 9
长武 73
常遇春 50
朝日新闻 12
朝鲜军 105
陈宝仁 1,2
陈布雷 31
陈灿 44
成都 19,21,33,37,46,61,64,65,69,98,102,121,122,123,124
城隍庙 42
成吉思汗大典 48
成吉思汗陵 47,48,49

程禄 1,2
丞渠 40
程绍迥 32
成县 75,77,78
陈湜 5
郴县 56
陈子博 25
赤金堡 160,163
赤金湖 80
赤金峡 80
崇信 78
Collins & Co. 155
崔叔仙 57
崔唯吾 70
崔正午 92

D

大川渡 77
大公报 46,82,83,87
大红沟 77
贷款利率 71
戴孟 26
打拉地 78
丹噶尔 153
道教 180
道清铁路 124
大平大尉 126,131,136
大泉 80
大日斯巴尼亚 8
大使 11,46,55,76,81,87,95,173,

191

175,182
大石桥 15
大通 153
大通河 149,154
大营 10
大英博物馆 94
大总统 9,10
德国 55,73,155
德里 119
邓宝珊 106
电报 6,12,13,46,72,73,81,82,
　84,97,104,107,111,112,118,
　122,124,125,130,134,135,140,
　165,168,169,180
电灯公司 173,177
电影 41,51,172
滇越铁路 121
狄道 7,143
第二陪都 30
第二战场 100
迪化 98,99,102
丁葆瑞 65
丁伯颜 50
丁国栋 50
丁朝栋 50
定西 73,74,77,78,106
鼎新 78
定远营 120
抵制日货 15
东北军 105

东步 78
东方文化事业总委员会 92
董福祥 3,5,6,7,8
东抚院 7
东机场 127,128,132,133,137,
　138,139
东京市 47
东三省 15,16
东条英机 120
董显光 98,99,102
东亚考古学会 94
敦煌 41,51,59,61,79,80,81,93,
　95,101,160
都受 151
杜月笙 37,39,66

E

鄂北 14
鄂尔多斯 149,154,158
额济纳 104,120,149
俄罗斯 3

F

蕃人 153
法政学堂 44
匪徒 1,2,9,89,169
风陵渡 124
冯玉祥 13
丰镇 153,158
佛教 180

福昌贸易公司 168
福海寺 151
福建 4,50,56,164
扶轮会 55
妇女团体 41
伏羌 143,145
福兴公司 177,178

G

甘川 79
甘川第二干线 77
甘川第一线 77
甘谷 75,78,143,168
甘宁干线 77
甘青干线 77
甘陕干线 77,79
甘省民间独立义勇军 168
甘省民间协议会 168
甘肃地区 1,5
甘肃公路 74
甘肃旱情 52
甘肃教育厅 93
甘肃南部 12,51
甘肃省建设厅 74,75,163
甘肃省银行 69,70,177,178
甘肃学院 19
甘肃银行 52,53
甘肃油矿局 161
甘肃走廊 61
甘新干线 77,79

甘新公路 79,81
甘州 81,88,143,146,147,180,184
高等法院 122,176
皋兰 75,77
高林 155
高桥大尉 126,131,136
高射炮 109,115,128,129,133
高台 75,77
哥老会 3,165,166,168,169
格桑泽仁 81
圪塔井 81
拱北号 5
共产党 29
巩昌 152
共产军 29
工程师联合年会 19
工程师学会 19,20,21,22,23,24,
  25,27,38,49,59,60
工业视察团 38
公债 68
关东军 104,105,120
广东 3,50,55,67,105,164
关公庙 171
广田弘毅 54,73,76
广威将军 10
广西 56,124
光绪 1,8,92,95
关金票 178
瓜州 81
固城 14

贵德 153
归化 123
桂林 21,69
贵阳 69
贵州 13
古浪 75,76,77,78
滚波泉 80
郭化县 1
国货市场 42
国际法 15
国文实业计划讨论会 24
顾谦吉 56
古物保管委员会 92,95
谷正纲 100,101,102
谷正伦 30,33,34,35,36,38,57,167,169,185
顾祝同 12
谷主席 28,35,36,38,58,62,100,101,169

H

哈佛大学 94,95
哈佛燕京研究院 95
海城 15,109,149
海城内抗日会 15
海路 50
海生英 166,168
海原 78,109
哈密 28,79,80,84,85,86,87
汉高祖 1

汉口 17,53,54,81,84,86,105,118,119,152
汗什代 151
汉唐 36,59,61
韩锡侯 171
韩兴明 171
韩永福 170
汉中 14,168
汉字 82,118,174
汉族 179
哈萨克 36
黑泉 78
黑嘴子 77
河南 9,10,11,34,114,124,184
横山 108,114
衡阳 69
和平镇 40
合水 78
和田 119
河西 35,36,38,51,59,60,61,62,105,177,180,187
河西新报 180
河西走廊 35,59,61
贺耀祖 97,98
何应钦 12,30
和政 78
河州 53,143,145,152,153,166,167,170
红军 13,14,105
红柳 80

红柳井子 80

红柳园子 80

红水河 174

侯明元 2

华北 50,169,186

怀远 108

华家岭 77

华南 121,123

荒川充雄 14

黄河 33,52,55,61,108,109,113,114,124,149,154,158,187,189

湟河平原 153

湟惠 58

黄龙岗 80

黄清则 54

湟水 40

黄田 87

黄委会 40

黄兴 10

黄英 91

湟源 153,168

湟州 153

环县 78

化平 78

华亭 78

华洋义赈会 11

华中 123,125,127,131,132,135,137

湖北 2

胡大海 50

胡汉民 13

惠回堡 80

回教军阀 29

回教徒小学 122

会宁 73,74,78

徽县 78

回族 179,180

户籍 43,44

湖南 7,34,56,67

火柴专卖 67

霍尔 95

火晓井 80

护照 92,93,96

胡宗南 167

J

Jardine Matheson Co. 155

贾国乔 176

吉安 56

蒋春富 1

蒋介石 13,29,30,31,33,59,62,98,118,121

江洛镇 78

江崎寿夫 120

江藤涛雄 91

蒋亭文 12

江西 4,56

蒋主席 12

菅久少佐 107,112

监军县 73

尖山子 80

监院战区 140,141
加藤高明 6,7
甲午战争 4
嘉峪关 77,80,160;183
葭州 108
基督学校 143,146
饥饿 11
界石铺 78
阶洲 152
济南 55
今村中尉 112
金达寺 153
近东 51
泾川 73,74,78
京奉线 153
静宁 73,74,77
京绥铁路 153,158
景泰 78,106
靖远 75,77,106,109,114,124,127,128,132,133
井之原邦 120
泾洲 152
靳敬民 10
津浦线 118
金融界 53
金塔 1,78,160
金塔县 160
津田正夫 76
妓女 172
锦州 5

救国后援会 14,15
酒金税局 80
酒泉 31,60,62,75,76,77,78,87,143,164
聚立 155
军用毛毯 102

K

开封 14
康定 21
抗建堂 19
康县 78
喀什 3,119
孔房恩 176
孔祥熙 118
矿业周报 161
昆仑山 153
昆明 69
苦水 80

L

拉卜楞 48,54
濑川浅之进 92
喇嘛黄教 153
兰靖公路 75
兰临道路 75
兰宁线 77
兰秦公路 74
兰青线 77
兰秦线 77

196

兰肃公路 75
兰洮道路 75
兰享公路 75
兰峪线 76
兰州 3,7,9,11,12,18,19,20,21,
　　22,23,24,25,26,27,28,29,30,
　　31,32,34,35,36,37,38,39,40,
　　41,42,43,44,45,47,48,49,50,
　　51,52,54,55,56,57,58,59,60,
　　61,62,65,66,67,68,69,70,71,
　　73,74,75,76,77,78,79,82,84,
　　85,86,87,90,91,92,96,97,98,
　　99,100,101,102,103,106,107,
　　108,109,110,111,112,113,114,
　　118,119,120,121,122,124,125,
　　126,127,128,129,130,131,132,
　　133,135,136,137,138,139,140,
　　141,143,144,145,146,147,153,
　　163,168,169,180,183,184,185,
　　186,188,189
兰州机场 106,107,110,111,112,
　　114,126
兰州基地 132
兰州领事馆 96
兰州市银行 70,71
劳军运动 40,41
喇世俊 91
乐都 77
雷中田 12
两当 78

粮食 37,166,167,169
凉州 3,9,50,79,81,85,86,88,
　　143,145,146,147,152,164,165,
　　166,168,169,170,171,172,173,
　　174,175,176,177,178,179,180,
　　181,182,183,184
凉州回教救国协会 169
凉州寺 173
凉州中学 180
李鉌 45
Liddell Bros. Co. 155
礼和 155
李竞西 66
李鸣钟 11
凌鸿勋 21
凌勉之 20
铃木少佐 112
灵台 78
零战 126,127,131,132,136,
　　137,138
临河 123
林久治郎 53
临潭 77,168
临潭县 168
临洮 57,58,75,77,78,143,
　　166,168
临洮县 57
临夏 75,78,143,166
临泽 77
李铁钧 177

刘宝善 10
刘梦锡 60
刘如松 79
刘文辉 13,46
刘郁芬 11,161
刘玉恒 166,170
刘玉林 2
刘镇华 9,10
柳州 124
礼县 78
李仪祉 25
李永新 54
李原 177
李云章 64
李宗仁 118
陇报 45
隆德 73,74,77,78
龙骨 101,102
陇海铁路 22
陇海线 118,119,124
龙华会 1
龙门镇 172,176,179
陇南 18,43
陇西 75,78,106,143,146,167,168
陇县 75
龙州 56
鲁仓 151
鲁大昌 106
卢广绵 55
栾守纲 91

伦敦 11,157
骆清华 66
罗先德 1,2
洛阳 65,123,124
鲁什尔 153
路透社 84,85,86,119
鹿钟麟 11

M

Ma Pisheng 3
马安良 91,92
马彪 106
马步芳 33,54,105,169,170
马步銮 105
马步青 88,105,167,168,169,170,180
马昌 169,170
马车 73,99,158,179,180
马登福 170
马福山 166,167
马福祥 92
马鸿宾 12
马怀麟 32
马可·波罗 61
马连井子 80
马连泉 80
马鹿镇 75
马明祥 168
满航公司 120
毛光翔 13

马神庙 172,176

马廷贤 12

马营 77

马元海 106

马贼 6

马仲英 168

美国美孚石油公司 164

蒙藏委员会 48,81

蒙蕃人 149,151,156,157

蒙蕃语 156

蒙古 3,14,48,81,82,83,149

蒙古喇嘛教史 47,48

蒙疆 168,169,173,174

蒙文 82

缅甸 30,64,88,119,161,163

庙尔沟 80

米喇印 50

弥勒佛 1

民步 78

明朝 50

明水草地 79

明肃王府 26

明太祖 1

民国日报 32

民勤 78

民生 43

岷县 14,15,56,77,78,106,143,168

岷州 143,166,167

木更津 106,107,111,112,118

牧野伸显 90

沐英 50

N

楠本中佐 13

南大街 171

南海子码头 158

南京 11,12,13,54,55,59,73,76,
81,84,86,92,96,104,105,160

南京政府 11,12,92,160

南平 56

南洋 51,84,85,86,87

南苑基地 107,112,114,115

内江 69

内田 9,53

内田康哉 53

碾伯 154,158

宁安堡 154

宁定 75,78

宁夏 9,12,17,30,31,38,53,54,
61,63,66,75,77,89,92,109,
114,123,140,141,146,147,148,
152,154,189

宁县 78

宁夏镇守使 53

宁远堡油田 183,184

牛桂林 10

纽约时报 119

纽育通信 11

农村道路 42

农林 32,56

农林部 32,56
挪威 142,143,144,147
女子音乐学校 122

O

欧美 81
欧亚公司 54
欧亚航空事务所 108
欧亚交通 20,59,61
欧亚交通道路 20
欧阳仑 23

P

潘 169
潘德庵 175
潘锦元 35
叛乱 5,92,165,166,167,168,169
彭虎杨 2
票据 71
平蕃 153,154
平蕃河 154
平番 3,167
平和 155,169
Pinghun 124
平凉 53,73,74,77,78,92,141,
　143,146,147
平罗县 89
坪上贞二 92
平原 73,153,154
平远 114

溥济渠 57,58

Q

千布篆 151
乾隆 153
前田与吉 143
乾县 73
祁连山 60,62,160
秦安 74,77
秦碧公路 75
清朝 6,176
青岛 55
青海 17,30,32,33,40,51,54,61,
　63,75,77,81,88,104,105,142,
　144,148,149,150,151,153,154,
　156,164,167,168,170,179
清历 9,44
青木一男 159,165,170,173,
　175,182
清人 5,6
清水 75,78,147
庆阳 78,152
青云学校 180
青云镇 172,176
清真寺 50,173
清州 143
秦兰 74
秦州 53,74,92
秋季运动大会 34
全国经济委员会 73,74,76

犬养毅 15
泉邑 78

R

仁记 154,155
日本 2,5,15,16,34,46,76,81,90,91,95,98,100,118,120,121,122,123,124,125,143,156,159,167,172
容克斯飞机 86
绒毛毡 101,102
瑞典 142,143,144,147
瑞记 155
入佐少佐 107

S

萨伏亚 122
洒湖 87
三道沟 80
三联单 149,153,157
三民主义 62
三浦 48,83,84,85
三十里井子 80
森少佐 126,131,136
厦门 55
山丹 75,77,105,149,160
善丹庙 120
陕甘总督 1,2,5,7,9,44
上村伸一 93
上海 2,3,4,7,11,55,73,76,83,84,85,87,93,105,172
山海关 5
沙呢 168
汕头 4
陕西 3,9,11,13,14,20,29,37,38,39,41,50,63,64,73,77,89,90,91,105,108,149,153,164
山西 108,109,113,123,124,129,153,158,164,184
陕西军 105
山之内大尉 107
山座圆次郎 90
韶关 69
邵力子 13,161
邵永沣 2
邵毓麟 98,102
沙玉清 60
社教工作队 41
沈百先 23
绅班 44
省立示范学校 171
省立武威中学 171
沈鸿烈 32
沈桑 27
沈同怡 58
沈逸千 51
石板墩 80
石板井子 79,80
石本寅三 120
石德明 1,2

201

师范学校 180
石钢察 166,167
十空寺 77
十年万井计划 60
市区干道 42
十五基地 132,137
师兴唐 171
矢野 46
矢野真 95
石油沟 160,163
石油河 160
市政设计委员会 42
市志 42
石庄 10
石嘴子 154,158
双刀子 2
双发动机飞机 109,110,114,115
双井子 80
双石铺 163
树沟子 80
水利 20,22,24,32,36,40,57,58,
　59,60,61,62,97,101,103
水烟 174
水野 90
四川 4,13,14,149,161,164,
　168,180
四联 63
私立青云中学 171
斯坦因 92,93,94,95,96
松本平八郎 120

松村贞雄 7
宋美龄 30
松平忠久 54
宋哲元 11
Stepan Ivanovich Smignov 120
肃丰沟 62
肃丰渠 60,62
隋朝 50
绥西 140
绥新公司 79
绥远 81,109,123,141
绥远省 109,123
苏联 14,84,86,87,88,96,97,98,
　117,119,121,123,124,163,164,
　165,179
孙家胜 2
孙科 76,87
孙绍宗 20
孙世潮 2
孙蔚如 13
孙文 10
孙越崎 23
苏维埃 14
苏中航线 86
肃州 1,35,80,81,85,88,104,160,
　164,180,183,184
肃州汽车公司 183,184
肃州直隶州 1

T

泰安 77

太古 155

泰和 56

太平天国 4

太田资事 90

泰州 152

唐朝 50

唐汪川机场 137

谭钟麟 2

洮河流域 43

洮惠渠 57

讨蒋运动 13

洮秦公路 75

洮沙 75,77,168

洮州 166,167,168

特派工程司 75

特务机关 104,120

田骏丰 91

天昌和 155

田健治郎 72

田结铆三郎 6

天津 4,5,6,50,55,73,81,84,86,96,104,120,153,159

田尻 47,86

天马公路 75

天水 21,74,75,77,78,143,146,147,163,168,169

甜水井 81

田中外务大臣 11

天主教 146,179

田作霖 10

调查局 44

铁村大二 47

潼关 124

同浦铁路 123

通俗日报 45

通渭 74,77

同治 5,160

土耳其 18

屯垦 40

图书馆 172

秃尾河 108,113,114

W

外国传教士 89

外务省文化事业部 92

王宝康 65

王景元 10

王林 1,2

王散纲 50

王漱芳 43

王天柱 45

望月静 159,165,170,173,175,182

王振江 2

万渠桥 184

完受 151

万县 69

威尔基 98,99,100,101,102,103

魏芳尔 32

蔚丰商业银行 53

魏光焘 7

魏洪义 5

韦以黻 23

渭源 75,78

翁文灏 23,25,59,83

文化电影 51

文劳运动 40

文物 19,21,22,50,93,94,95,96

文县 78

温锡元 38

温州 56

William Forbes & Co. 155

Wilson & Co. 155

物产 19,21,50,61,157

伍朝枢 13

吴朝越 45

吴承洛 23

武都 75,77,78

五方寺 154

武汉 50

五角券 178

五泉山 185

武山 75,78,168

五台山 108,114

武田大尉 126,131,136

武威 31,59,62,75,76,77,78,87, 143,164,171,176

五原 18,123

吴稚晖 21

吴忠信 31

梧州 56

夏河 78

X

西安 6,14,20,21,28,29,30,31, 34,39,54,64,65,66,69,73,76, 77,82,85,86,87,90,91,104, 108,118,119,124,135,163,168, 169,183

县长 63,169,171,176

享堂 77

享堂峡 75

咸阳 64,73,125,126,127,128, 135,136,137,138,139

萧方全 14

小谷少佐 107,112

小宛 80

西北 12,17,19,20,21,22,23,26, 27,29,30,31,32,33,34,35,36, 37,38,39,41,49,50,51,54,55, 56,58,59,60,61,62,63,64,65, 66,73,74,76,82,83,88,93,94, 95,100,103,105,123,124,129, 149,158,159,162,163,164,166, 168,169,176,179,180,183,184, 186,189

西北公路 164,189

西北公路局 176,179,180

西北工业考察团 35
西北画集 51
西北建设 19,23,29,31,36,60,73
西北开发十年计划 64
西北日报 32
西藏 3,93,153
细川大尉 107
西大街 171
邪教 1
西峰镇 143,145
西固 77
西和 78
西机场 127,137
西京日报 54,79
西康 54,81
西兰公路 73,74,76
西兰路 74,77
新城 143,146,147,171,176,177
新墩子 81
兴隆 155
兴隆山 47,49
兴文银行 66
星星峡 77,80
兴业局 42
西宁 3,31,33,39,41,54,66,88,
    145,146,149,151,152,153,154,
    156,158,169
新疆 11,17,26,28,35,61,63,65,
    72,79,82,83,84,91,92,93,94,
    95,96,98,119,121,149,164,183

新兰州 51
新式开凿法 57
新式羊毛厂 55
新绥汽车公司 74,75
新泰兴 154,155,159
新闻学会 32
西园寺公望 4,5
宣教士 156
薛生雄 2
徐凤桐 2
徐魁 2
须磨弥吉郎 73
畜牧 32,36,54,56,61,103,149
畜牧学校 54
徐寿山 175

Y

衙门 44
烟墩 80
杨昌濬 5
杨德亮 173,177
杨逢春 2
仰光 64
杨国瑞 1
杨虎城 13
杨家渠 40
羊毛 22,51,55,56,90,99,144,
    148,149,150,151,152,153,154,
    155,156,157,158,159,178,183
羊毛税 11

205

杨尚春 2
杨永庄 184
洋行 144,149,153,154,155,156,
　157,158
洋银票 53
扬子江 152,187
烟类专卖办事处 65
烟类专卖局 65,68
药材 51
Yaochieh 3
窑店 73,77
窑店镇 74
亚欧航空公司 82
鸦片 11
叶成 171
叶升堡 77
耶稣教 179,180
叶秀峰 23,25
叶毓 27
叶载 177
宜昌 4
怡和 155
义和团 7
伊集院 9
医科大学 49
伊犁 3
印度 18,30,92,94,95,118,119
印度陆军测量部 94
英国 92,93,94,95,96,142,143,
　144,145

印刷局 72
银行监理官 67,69,71
尹文敬 68
伊藤博文 4,5
一条山 106
艺文考察团 51
义勇志愿者 98
永昌 35,75,76,77,160,183,184
永登 59,61,75,76,77,79,120
永靖 75,78
雍兴公司 64
有吉大使 76
有吉明 76
有田八郎 79
有田外务大臣 47,83,84,85,86,
　87,104
元朝 50
袁登科 2
援蒋 164,165
原敬 4
袁世凯 5,6
鸳鸯池 60,62
榆定 74
粤汉铁路 121
俞飞鹏 102
渝哈线 87
玉门 77,80,159,160,162,163,
　164,165,184
玉门矿务处 162,163
玉门油田 159,160,162

云贵总督 7
云南 4,30,66,118,119
豫旺 114
榆中机场 137
榆中县 47

Z

灾民 34
在中大使 55
齐藤空曹长 126
札漠城 151
张爱松 176
张大千 51,101
张纺 12
张广建 92
张家川 75
张家口 55,96,104,158,173,175,182
张敬尧 10
张仁山 79,172
张行志 92
张心一 23,35,38
张学良 11
张掖 36,59,62,75,76,77,105
张云天 172
张治功 10
张之江 11
展览会 19,21,31,50
赵家堡 132,133,134,137
赵家堡机场 132,133,137
赵克竣 51

赵丕廉 48
招商局 5
赵倜 10
赵望云 51
浙江 5,56
浙江温处道 5
侦察机 109,127,129,132,137,167
政报 45
郑和 50
正宁 78
郑州 55,79
镇嵩军 9,10
珍田舍巳 4
镇原 78
植树造林 30,33,63,65
中根 104
中公旗 120
重光葵 159,165,170,175,182
中国纺织学会 22
中国工业合作社 55
中国古物保管会 94
中国回教救国协会 50
中国回教徒救国会 17
中国经济年鉴 160
中国通商银行 39,65,66
中国银行 64,177
中华民国 46,76,95,166
中华民国日本大使馆 95
中街 152
忠烈祠 42

重庆 19,20,28,29,30,31,32,33,
　　34,46,60,61,63,65,67,69,83,
　　84,85,86,87,88,97,100,102,
　　119,122,123,124,161,163,164,
　　165,167,176
重庆政府 161,164,165
重庆政权 30
中卫 77,154
中亚 3
中央大学 60,62
中央军 88,105,167,177,185
中央空军航空站 108
中央票 178
中央社兰分社 32
中央水利委会 40
中央研究院 20

中原 14
周德青 171
周定轩 45
周维均 171
咒语 1,2
庄浪 78
砖井 80
朱家骅 20
朱绍良 100,101,102,168,169,185
宗教 6,48,51,90,101,144,146,
　　147,148,156,179,180,188,189
总领事馆 4,7,96
佐分利代理大使 11
佐世保 124
左宗棠 1,5,55
佐佐木高义 79